（漢）鄭玄　注
（唐）賈公彦　疏

宋本周禮疏

第六册

國家圖書館出

第六册目録

周禮疏卷第十八

唐朝散大夫行大學博士弘文館學士臣賈公彥等撰

春官宗伯第三 釋曰鄭目録云象春所立之官也宗尊也伯長也春者出生萬物天子立宗伯使掌邦禮典禮以事神爲上亦所以使天下報本反始不言司者鬼神示人之所尊不敢主之故也

惟王建國辨方正位體國經野設官分職以爲民極乃立春官宗伯使帥其屬而掌邦禮以佐王和邦國 釋曰云掌邦禮以佐王和邦國者樂主和同禮主簡別案樂記云樂勝則流禮勝則離鄭云離謂析居不和恐其不和是以禮言和論語云禮之用和爲貴也 注 禮謂曲禮五吉凶軍賓嘉

其別三十有六鄭司農云宗伯主禮之官故書堯典曰帝曰咨四岳有能典朕三禮僉曰伯夷帝曰俞咨伯汝作秩宗宗官又主鬼神故國語曰使名姓之後能知四時之生犧牲之物玉帛之類采服之宜彝器之量次主之度屏攝之位壇場之所上下之神祇氏姓之所出而率舊典者爲之宗春秋禘于大廟躋僖公而傳曰夏父弗忌爲宗人又曰使宗人釁夏獻其禮郊特牲曰宗人升自西階視壺濯及豆籩然則唐虞歷三代以宗官典國之禮與其祭祀漢之大常是也　釋曰云禮是曲禮五者案禮序云禮者體也履也一字兩訓蓋有以也統之於心名爲體周禮是也踐而行之名曰履儀禮是也既名儀禮亦名曲禮故禮器云經禮三百曲禮三千鄭玄云經禮謂周禮也曲猶事也事禮謂今禮也其中事儀三千若然則儀禮爲曲禮今此鄭云禮謂曲禮五者對文則儀禮是曲禮周禮是經禮散文此周禮亦名曲禮是以藝文志云帝王世有損益至周曲爲之防是指此周禮爲曲禮也云吉凶軍賓嘉其別三

十有六者並據下文而知鄭司農云宗伯主禮之官而引
書堯典帝曰者謂舜咨四岳曰有能典朕三禮三禮者謂
天地人之禮也云僉曰伯夷者四岳同辭而對共舉伯夷
也云帝曰俞者俞然也然其所舉云咨伯女作秩宗者帝
舜命伯夷使爲秩宗秩次也言宗伯主次序鬼神之事案
彼虞書云脩五禮下又云典朕三禮三五不同者鄭義上
云脩五禮與下五玉連文五玉是諸侯所執玉則五禮非
吉凶賓軍嘉之五禮故鄭云五禮公侯伯子男之禮是以
禮論云唐虞有三禮至周分爲五禮若然云三禮不言五
禮則三禮中含有五禮矣引國語者是楚昭王問於觀射
父觀射父對此辭言名姓之後者孔服注以爲聖人大德
之後云能知四時之生犧牲之物者孔服皆以爲生謂繫
盛犧謂純毛色牲謂牛羊豕云玉帛之類者孔服皆以爲
禮神玉帛謂若宗伯云蒼璧黄琮牲幣各放其器之色是
也云采服之宜者服氏云祭祀之所服色謂若司服袞冕
以下是也云彝器之量者服云量數也祭祀之器皆當其

數云次主之度者服云次廟主之尊卑先後遠近之度云屏攝之位者服以云屏猶并也謂攝主不備并之其位不得在正主之位即引曾子問云若宗子有罪居于他國庶子爲大夫其祭也祝曰孝子某使介子某執其常事又云攝主不厭祭不旅不假不綏祭不配是其攝主并之事左氏昭十八年夏五月宋衛陳鄭災時鄭子產使子寬子上巡羣屏攝彼鄭司農云束茅以爲屏蔽祭神之處草易然故巡行之此屏攝義與國語異云壇場之所者孔云去廟爲祧去祧爲壇去壇爲墠孔又云場祭道神曾子問道而出是也云上下之神祇者孔氏云上謂凡在天之神天及日月星下謂凡在地之神謂地山林川谷丘陵也云氏姓之所出而率舊典者爲之宗者孔氏云既非先聖之後又非名姓之後但氏姓所出之後子孫而心常能循舊典者則爲大宗大宗者於周爲宗伯云春秋禘於大廟者是文二年秋八月公羊云大事者何大祫也大祫者何合祭也其合祭奈何毀廟之主陳於大祖未毀廟之主皆升合食

於大祖列昭穆序父子云躋僖公者案左氏云逆祀也時
夏父弗忌爲宗人逆祀者弗忌云吾見新鬼大故鬼小躋
升也謂升僖公主於閔公之上引之者證宗是宗人主鬼
神也云又曰使宗人釁夏獻其禮者此哀公二十四年公
子荆之母嬖將以爲夫人使宗人釁夏獻其立夫人之禮
對曰無之公怒曰汝爲宗司立夫人國之大禮也何故無
之對曰周公及武公娶於薛孝惠娶於商自桓以下娶於
齊此禮也則有若以妾爲夫人則固無其禮也公卒立之
引之者亦證宗人主禮也又引禮特牲者此特牲饋食禮
是宿賓之明夕視濯主人與衆兄弟及賓入即堂下位宗
人升自西階視壺濯及豆籩反降東北面告濯具注云東
北面告緣賓意欲聞也引此者亦證宗人主禮也云唐虞
歷三代以宗官典國之禮與其祭祀者所云虞書是虞法
并云唐者堯舜道同故引虞則唐亦與虞同也言歷三代
者上舉唐虞下舉周法則其中夏殷亦宗官掌禮可知故
揔以三代言之也云則漢時大常是也者以代異法殊禮

有沿革故至漢時祭祀之禮使大常主之故云漢之大常
是也但此宗伯主禮并下文主鬼神自分明必引諸文為
證者當時張包周孟子何休等不信周禮是周公所
制以為六國時陰謀之書故先鄭以諸文爲證也 **禮**

官之屬大宗伯卿一人小宗伯中大夫二人
肆師下大夫四人上士八人中士十有六人旅
下士三十有二人府六人史十有二人胥十有
二人徒百有二十人 釋曰此一經與下五十九官爲長
此官大宗伯小宗伯肆師並別職
上士已下即三職同有此官可謂別職同官者也大宗伯
則摠掌三十六禮之等小宗伯副貳大宗伯之事肆師主
陳祭位之等此並亦轉相副貳之事也 **注** 肆猶陳也肆師佐宗伯陳列祭祀之位及牲器粢盛 釋曰鄭知肆

師佐宗伯陳列祭祀之位者案小宗伯云掌建邦之神位肆師云立大祀用玉帛牲牷之等故知佐宗伯陳列祭祀之位也知亦陳牲器粢盛者案其職云大祭祀展犧牲繫于牢頒于職人又云祭之日表齍盛告絜展器陳告備是其陳牲器粢盛之事也

鬱人下士二人府二人史一人徒八人　注　鬱鬱金香草宜以和鬯　釋曰凡敘官不以官之尊卑為先後直以緩急者為先鬱人為首者祭祀宗廟先灌灌用鬱故其職云掌祼器故宜先陳也鄭云鬱鬱金香草者王度記謂之鬯鬯即鬱金香草也云宜以和鬯者鬯人所掌者是秬米為酒不和鬱者若祭宗廟及灌賓客則鬯人以鬯酒入鬱人鬱人得之築鬱金草煑之以和鬯酒則謂之鬱鬯也

鬯人下士二人府一人史一人徒八人　注　鬯釀秬為酒芬香

條暢於上下也秬如黑黍一稃二米 釋曰鬯人在此者案其職云掌共秬鬯祭社壝門先用鬯故宜先言未有鬱無鬱至於下經用鬯祭祀者亦尸所飲以灌地灌地者其汁下入於地其氣上升於天故云條暢於上下也云秬如黑黍一稃二米者案爾雅云秬黑黍秠一稃二米此爾雅上文云秬黑黍是一米之秬直以秬爲名下文云秠一稃二米亦是黑黍但無黑黍之名但二米之秬貴此鬯酒用二米者故鄭云秬如黑黍此據爾雅下文二米之秬其狀如上文黑黍者若然爾雅云秠一稃二米不言黑黍者爾雅主爲釋詩案生民詩云維秬維秠爾雅云秬黑黍即是維秬者爾雅云秠一稃二米即是維秠者也若然爾雅及詩云秠者即黑黍之皮以皮而皃秬是以鄭志張逸問云鬯人職注云秬如黑黍一稃二米不案爾雅秠一稃二米未知二者同異鄭荅云秠即其皮稃亦皮爾雅重言以曉人更無異稱也鄭云重言者秠既是皮復云稃亦皮是重言也

恐人不知秠是皮故重言稃秠是一還是秬故云更無異稱也

雞人下士一人史一人徒四人釋曰雞人在此者案雞人職云共雞牲大祭祀夜呼旦雞又屬木在春故列職於此也

司尊彝下士二人府四人史二人胥二人徒二十人釋曰在此者案職云掌六彝六尊之位尊彝是祭祀之事故列職於此也注鬱鬯曰彝彝亦尊也彝法也言為尊之法也釋曰彝亦尊者以其同是酒器但盛鬱鬯與酒不同故異其名耳云鬱鬯曰彝彝法也者祭宗廟在室先陳後乃向外陳齊酒之尊以彝為法故名此鬱鬯曰彝也是以鄭云言為尊之法也

司几筵下士二人府二人史一人徒八人釋曰在此者凡

祭祀先設席故其職云掌五几五席辨其用與其位故列職於此也注筵亦席也鋪陳曰筵藉之曰席然其言之筵席通矣　釋曰云鋪陳曰筵藉之曰席者設席之法先設者皆言筵後加者爲席故其職云設莞筵紛純加繅席畫純假令一席在地或亦云筵儀禮少牢云司宮筵於奧是也是先設者爲鋪陳曰筵藉之曰席也云然其言之筵席通矣者所云筵席惟據鋪之先後爲名其筵席止是一物故云然其言之筵席通矣

天府上士一人中士二人府四人史二人胥二人徒二十人　釋曰天府在此者其職云掌祖廟之守藏大祭祀則出而陳於廟庭故亦列職於此也　注府物所藏言天者尊此所藏若天物然　釋曰云府物所藏者鄭揔解府義府聚也凡物所聚皆曰府官人所聚曰官府在人身中飲食所聚謂之六府詩云叔在藪火烈具舉注藪澤禽之府也大府王之府外内府泉府皆

是藏財貨鄭云藏財貨曰府亦是物所藏也云言天者尊
此所藏若天物然者案其職云凡國之玉鎮大寶器藏焉
是尊此所藏若天物然
故名此府爲天府也

典瑞中士二人府二人史二人胥一人徒十人

釋曰在此者案其職云掌玉瑞玉器之藏下又云王搢大
圭執鎮圭以朝日則是玉瑞祭時所執玉器所以禮神雖
有餘事以事神
爲主在此宜也 注 瑞節信也典瑞若今符璽郎 釋曰云
瑞節信也者其天子所執者若受天之
應瑞然其諸侯所執者若受得玉瑞亦如天之應瑞故云
節信也云典瑞若今符璽郎者鄭意周時典瑞似漢時符
璽郎故舉漢
法而況之

典命中士二人府二人史二人胥一人徒十人

釋曰在此者案其職云掌諸侯之五儀諸臣之五等之命凡官之所屬義有多種以宗伯主禮及祭祀之事故凡是祭祀及禮事皆屬焉此典命遷秩羣臣亦是禮事又爵命屬陽故禮記云古者於禘也發爵賜服賞以春夏不於夏官者貴始故於春見之在此

注命謂王遷秩羣臣之書　釋曰凡言命者皆得簡策之命秩次也命出於王故云命謂王遷秩羣臣之書書即簡策是也

司服中士二人府二人史一人胥一人徒十人

釋曰在此者案其職云掌王之吉凶衣服公羊傳云命者何加我服也再命已上得命即得服故司服列職於典命之下也

典祀中士二人下士四人府二人史二人胥四

人徒四十人 釋曰在此者案其職云掌外祭祀之兆守皆有域掌其禁令若以時祭祀則帥其屬而脩除以其職祭事故列職於此也

守祧奄八人女祧每廟二人奚四人 釋曰遠廟爲祧案其職掌先王先公之廟祧若將祭祀則各以其服授尸故列職在此有奄八人者以其與女祧及奚婦人同處故須奄人通姜嫄爲八廟廟一人故八人也 注遠廟曰祧周爲文王武王廟遷主藏焉奄如今之宦者女祧女奴有才知者天子七廟三昭三穆奚女奴也 釋曰遠廟曰祧者案祭法云遠廟爲祧有二祧享嘗乃止鄭云祧之言超也超上去意也云周爲文王武王廟遷主藏焉者案王制及祭法云王立七廟有二祧之文鄭知周之二祧是文武者鄭義二祧則祖宗是也故祭法云祖文王而宗武王鄭云祖宗通言爾是祖其有德宗其有功其廟不毀故云祧也知遷主

藏焉者以其顯考已下其廟毀不可以藏遷主文武既不毀明當昭者藏於武王廟當穆者藏於文王廟可知故云遷主藏焉若文武已上父祖不可入下子孫之廟宜藏於后稷之廟但文武既爲二祧后稷爲大祖廟不可復稱祧遷主則揔藏於大祖廟則謂大祖廟爲祧故聘禮云不腆先君之祧既拚以俟矣是也云奄如今之宦者龔以奄人爲内官則名奄人爲官故舉以況之也云女祧女奴有才智者亦若天官云女酒女漿女祝下文云女史之類皆女奴有才智者爲之無才智者即入奚類也云天子七廟已下並王制文七廟者據周而言若殷人已下依禮緯唐人五廟夏亦五廟殷六廟與周不同也

世婦每宮卿二人下大夫四人中士八人女府二人女史二人奚十有六人注世婦后宮官也王后六宮漢始大長秋

詹事中少府大僕亦用士人女府女史女奴有才知者
釋曰名世婦者以其主婦人之事王后已下至女御言世
婦舉中以爲名也在此者案其職云掌女宮之宿戒及祭
祀比其具是祭事故列職於此也云每宮卿二人者王后
有六宮每宮卿二人則十二人也此主婦人則卿大夫士
並奄人爲之若然天官云内小臣奄上士四人鄭云奄稱
士異其賢似卿大夫不用奄人者案彼天官之内職内有
婦人者皆用奄人獨此宮卿大夫士與下女府女史奚同
奄可知是以賈馬皆云奄卿也然鄭云漢治大長秋亦見
居不用奄非其宜但此經不言奄故鄭亦不言奄其實是
周時用奄之義也但天官惟有小臣是上士用奄人鄭即
云奄稱士異其賢也若然小臣上士言奄此不言奄者但
上天官共婦人同職皆已言奄於此略而不言耳案王之
六卿皆六命十二小卿皆四命此六宮十二卿不言命數
亦可當小宰小司徒等十二小卿同用
四命中大夫爲之以其同十二人故也

内宗凡内女之有爵者 釋曰在此者案其職云掌宗廟之祭祀薦加豆籩並是助祭之人故列職於此也 注內女王同姓之女謂之內宗有爵其嫁於大夫及士者凡無常數之言 釋曰言內女明是王之族內之女故云王同姓之女爲內宗也云有爵其嫁於大夫及士者但婦人無爵從夫之爵今言內女有爵明嫁與卿大夫及士周之法爵亦及士故兼言士也不言數而言凡故鄭云凡無常數之言以其王之族內之女無定數故也

外宗凡外女之有爵者 釋曰在此者案其職云掌宗廟之祭祀佐王后薦玉豆眡豆籩亦是助祭祀之人故亦列職於此也 注外女王諸姑姊妹之女謂之外宗 釋曰鄭知外宗是王諸姑姊妹之女者以其稱外明非己族故稱外宗外女也鄭不解有爵者已於內宗注訖明此亦是嫁與大夫及士可知

也言凡亦是無常數之言也

冢人下大夫二人中士四人府二人史四人胥十有二人徒百有二十人釋曰在此者案其職云掌公墓之地辨其兆域以昭穆爲左右雖非祭祀亦是禮事故亦列職於此也注冢封土爲丘壠象冢而爲之釋曰冢封土爲丘壠者案其職云以爵等爲丘封之度注云王公曰丘諸臣曰封此云丘不言封亦有封可知案禮記云適墓不登壠是聚土亦爲壠故兼云壠也又禮記云古者墓而不墳又有墳稱秦漢已下天子之丘亦謂之陵也云象冢而爲之者案爾雅山頂冢故云象冢而爲之也若然云丘陵亦是象丘陵爲之也

墓大夫下大夫二人中士八人府二人史四人

胥二十人徒二百人注墓冢塋之地孝子所思慕之處　釋曰案其職云掌凡邦墓之地域令國民族葬是掌天下萬民之墓地也不云冢云墓者禮記云庶人不封不樹故不言冢而云墓墓卽葬地故鄭云墓冢塋之地孝子所思慕之處也在此者死葬之以禮亦是禮事故列職於此也

職喪上士二人中士四人下士八人府二人史四人胥四人徒四十人注職主也　釋曰以其主公卿大夫之喪亦是禮事故列職於此也

大司樂中大夫二人樂師下大夫四人上士八人下士十有六人府四人史八人胥八人徒八

十人 釋曰大司樂掌教國子六樂大舞等在此者以其宗伯主禮禮樂相將是故列職於此但樂師教國子小舞與大司樂職別而同 注 大司樂樂官之長 釋曰府史亦謂別職同官者也 以其與樂師已下至鞮鞻氏已上爲長者

大胥中士四人小胥下士八人府二人史四人徒四十人 注 胥有才知之稱禮記文王世子曰小樂正學干大胥佐之 釋曰在此者案其職云掌學士之版以待致諸子與大司樂教樂同類是亦禮事故列職在此但小胥掌樂縣之法亦與大胥別職而同官者也

大師下大夫二人小師上士四人瞽矇上瞽四十人中瞽百人下瞽百有六十人眡瞭三百人

府四人史八人胥十有二人徒百有二十人 釋曰案其職云掌六律六同之等亦是樂事故在此此下直云瞽矇三百人無府史胥徒者以其無目不須人使是以有眡瞭三百人而已

注 凡樂之歌必使瞽矇爲焉命其賢知者以爲大師小師晉杜蒯云曠也大師也眡讀爲虎眡之眡瞭目明者鄭司農云無目眹謂之瞽有目眹而無見謂之矇有目無眸子謂之瞍 釋曰云凡樂之歌必使瞽矇爲焉者此鄭欲解作樂使瞽矇之意以其無目無所覩見無所觀見則心不移於音聲故不使有目者爲之也云命其賢知者以爲大師小師者此乃師曠之徒亦無目者故引爲證也就瞽之中命大賢知爲大師其次賢知小者爲小師也其餘爲瞽矇也云眡讀爲虎眡之眡者易頤卦六四云虎眡眈眈其欲逐逐無咎是也眡瞭目明者以其扶工故使有目者爲之也先鄭云無目眹謂之瞽已下案詩有矇瞍案尚書有瞽瞍於此文有瞽矇據此三文皆文

不具司農參取三處而爲三等解之諸文皆瞽在上而矇
瞍在下先鄭即以瞽爲無目眹當第一無目眹謂無目之
眹脉謂之瞽有目眹而無見謂之矇謂矇矇然有眹脉而
無見也云有目無眸子謂之瞍者謂目精黑白分明而無
眸子人者謂之瞍案其職大師少師及瞽矇眡瞭四者皆
別職又無府史而并言之者以其大師少師爲長故連類
言之

典同中士二人府一人史一人胥二人徒二十
人釋曰在此者案其職云掌六律六同　注同陰律也不以
以爲樂器亦是樂事故列職於此　陽律名官者因
其先言耳書曰協時月正日同律度量衡大師職曰執同
律以聽軍聲　釋曰同陰律也者對律而爲陽律也云不
以陽律名官者謂其官不名典律而云典同也云因其先
言耳者謂諸文皆先云同後云律若陰陽亦先云陰之類

故以同名官也引書曰者堯典之篇彼據舜之巡守於方岳之下命史官協時月者協合也謂合四時節氣之早晚及月之大小定分玄正日同律度量衡者謂正定日之甲乙陰同陽律之長短及正度之丈尺量之斗斛衡之斤兩六者皆正定之使依法又引大師職曰執同律以聽軍聲者所引之文皆證同在律上之義若然無取於時月日及度量衡連文引之耳案孔注尚書律爲法制當齊同之則同不爲陰律與鄭義別也

磬師中士四人下士八人府四人史二人胥四人徒四十人釋曰在此者案其職云掌教擊磬擊編鍾并教縵樂亦是樂事故列職於此也

鍾師中士四人下士八人府二人史二人胥六人徒六十人釋曰在此者案其職云掌金奏而奏九夏以其樂事故列職於此也

笙師中士二人下士四人府二人史二人胥一人徒十人釋曰在此者案其職云掌教吹竽笙塤籥已下亦是樂事故列職在此

鎛師中士二人下士四人府二人史二人胥二人徒二十人釋曰在此者案其職云掌金奏之鼓亦是樂事故亦列職在此注鎛如鍾而大釋曰如鍾而大者以其形如鍾而大獨在一簴

韎師下士二人府一人史一人舞者十有六人徒四十人釋曰在此者案其職云掌教韎樂亦是樂事故列職於此也案鞮鞻氏掌四夷之樂今此特掌韎樂是周以木德王又見樂爲陽春是陽長養之方故特建此一官也注鄭司農說以明堂位曰韎東夷

之樂讀如味食飲之味杜子春讀韎爲㖟茥著之㖟玄謂
讀如韎韐之韎　釋曰引明堂位者證韎是東夷之樂云
讀如味食飲之味杜子春讀韎爲䔤茥著者讀從爾
雅也此後鄭皆不從之後鄭云讀爲韎韐之韎者欲取韎
爲赤色是以禮記檀弓云周人大事斂用日出鄭云
日出時亦赤則東夷之樂名韎者取色赤東方之意

旄人下士四人舞者衆寡無數府二人史二人
胥二人徒二十人　釋曰在此者案其職云掌教舞散樂
舞夷樂亦是樂事故列職於此也此
經云舞者衆寡無數其職云凡四方之以舞仕者　注旄旄牛尾
屬焉以其能爲四夷之舞者即爲之故無數也
舞者所持以指麾　釋曰案山海經有獸如牛四節有毛
是也其牛尾可爲旌旗之旄也云舞者所持以指麾者案
樂師掌小舞有旄舞是舞者所持以指麾則此旄人舞夷
樂而云旄人是亦舞者所持以指麾者若然下鞮鞻氏云

主四夷之樂兩官共掌者但鞮鞻氏掌而
不教此旄人教而不掌故二官共其事也

籥師中士四人府二人史二人胥二人徒二十

人 釋曰在此者案其職云掌教國子舞羽吹籥則此籥師
所掌以教國子文樂左手執籥右手秉翟故名官爲籥
師注籥舞者所吹春秋宣八年壬午猶繹萬入去籥傳曰
也 去其有聲者廢其無聲者詩云左手執籥右手秉翟
釋曰案公羊宣八年傳云辛巳有事于大廟仲遂卒於垂
壬午猶繹萬入去籥傳曰去其有聲者廢其無聲者張逸
問籥師注春秋傳曰去其有聲者廢其無聲者何謂鄭荅
廢置也於去者爲廢故曰廢若然辛巳日有事於大廟仲
遂卒卿佐卒輕於正祭則重於繹祭則不停正祭合停繹
祭至於明日壬午仍爲繹祭故孔子爲經加猶以尤之但
宣公乃有慙心於作樂之時去其有聲者用其無聲者也
詩云左手執籥右手秉翟引傳與詩者證樂師教國子舞

羽吹籥之事也

籥章中士二人下士四人府一人史一人胥二人徒二十人 釋曰在此者案其職云掌土鼓豳籥亦是樂事故列職於此 注 籥章吹籥以爲詩章 釋曰案其職有豳詩豳雅豳頌是吹籥以爲詩章故官名籥章也

鞮鞻氏下士四人府一人史一人胥二人徒二十人 釋曰在此者案其職云掌四夷之樂與其聲歌亦是樂事故列職在此也 注 鞻讀如屨也鞮屨四夷舞者所屝也今時倡蹋鼓沓行者自有屝 釋曰此鄭讀從屨人之屨也案鄭注曲禮云鞮鞻無絇之菲也此鞮鞻亦是無絇之屝彼爲大夫欲去國行喪禮之屨此爲四夷舞者所屝其屨無絇一也云今時倡蹋鼓沓行者自有屝

者謂漢時倡優作樂踴地之人并擊鼓沓沓作聲者行自有韎鞻引之者證四夷舞者亦自有屝與中國不同也

典庸器下士四人府四人史二人胥八人徒八十人　釋曰在此者案其職掌藏樂器庸器亦是樂事故列職於此　注　庸功也鄭司農云庸器有功者鑄器銘其功春秋傳曰以所得於齊之兵作林鍾而銘魯功焉　釋曰先鄭所引春秋者左氏襄十九年季武子與晉師伐齊以所得齊之兵作林鍾而銘魯功焉臧武仲謂季孫曰非禮也夫銘天子令德諸侯言時計功大夫稱伐今稱伐則下等也計功則借人也言時則妨民多矣何以為銘引之者見其庸器之義

司干下士二人府二人史二人徒二十人　釋曰在此者案其職云掌舞器祭祀授舞器亦是樂事故列職於此也　注　干舞者所持謂盾也春秋傳曰萬者何

干舞也◎釋曰云干舞者所持者謂若樂師所云干舞則小舞也其夏官司兵云掌五兵祭祀授舞者兵則五兵俱掌但無干耳然彼注云謂朱干玉戚者鄭連言朱干耳

大卜下大夫二人卜師上士四人卜人中士八人下士十有六人府二人史二人胥四人徒四十人

釋曰此大卜有卜師及卜人皆士官而卜人無別職者以其助大卜卜師行事故也其卜師則與大卜別職亦是別職同官在此者案其職曰掌三兆三易之等但蓍龜卦兆有生數成數之鬼神是鬼神之事故列職於此也注問龜曰卜大卜卜筮官之長　釋曰卜赴也赴來者之心故曰卜對筮問也謂有疑來問於蓍二者互見為義卜言赴來問之心亦先問乃赴筮言問者後亦赴來者之心也云卜筮官之長者謂與下龜人華氏占人筮人等為之長也

龜人中士二人府二人史二人工四人胥四人徒四十人釋曰在此者與卜人連類在此注工取龜攻龜釋曰案其職云取龜用秋時甲成之時也攻龜用春時風氣燥達之時故也

菙氏下士二人史一人徒八人釋曰在此者鑽龜用燋焌故與大卜連類在此注燋焌用荆菙之類釋曰案其職云掌共燋契即士喪禮云楚焞是也楚焞即荆故云用荆云菙之類者菙所以棰笞人馬用荆竹爲之此亦用荆故云菙之類也

占人下士八人府一人史二人徒八人注占著龜之卦兆吉凶釋曰在此者案其職云掌占龜筮亦卜筮之類故列職於此也

簭人中士二人府一人史二人徒四人　釋曰在此者案其職云掌九簭簭有生成數之鬼神故亦列職在此　注問蓍曰筮其占易　釋曰云問蓍曰筮者鄭意以筮爲問故易蒙卦云初筮告再三瀆瀆則不告是筮爲問也云其占易即易之九六爻辭是也

占夢中士二人史二人徒四人　釋曰在此者案其職云以日月星辰占六夢之吉凶夢是精神所感并日月星辰等是鬼神之事故列職於此

眡祲中士二人史二人徒四人　注祲陰陽氣相侵漸成祥者魯史梓愼云吾見赤黑之祲　釋曰在此者案其職云掌十煇之法以觀妖祥辨吉凶亦是陰陽鬼神之事故列職於此

大祝下大夫二人上士四人

小祝中士八人下士十有六人府二人史四人

胥四人徒四十人釋曰大祝與小祝別職而同官故共府史胥徒在此者案其職云掌六祝之辭以事鬼神示亦是事鬼神之法故列職於此也注大祝祝官之長釋曰以其與下小祝喪祝甸祝詛祝等爲長也

喪祝上士二人中士四人下士八人府二人史二人胥四人徒四十人釋曰在此者案其職云掌大喪勸防之事及辟令啓亦是禮事及事鬼神之法故列職於此也

甸祝下士二人府一人史一人徒四人注甸之言田也田狩

之祝　釋曰在此者案其職云掌四時之
田表貉之祝號事鬼神之事故列職於此

詛祝下士二人府一人史一人徒四人 注詛謂祝之使沮敗
也　釋曰在此者案其職云掌盟詛類造攻說禬禜之祝
號亦事鬼神故列職於此注云詛謂祝之使沮敗也者凡
言盟者盟將來詛者詛往
過故云祝之使沮敗也

司巫中士二人府一人史一人胥一人徒十人 注司巫巫官之長　釋曰案
釋曰在此者案其職云若國大旱則帥巫
而舞雩亦是事鬼神之事故列職於此
其職云掌羣巫之政令與下男巫
女巫神士等爲師故云巫官之長

男巫無數

女巫無數其師中士四人府二人史四人胥四
人徒四十人注巫能制神之處位次主者　釋曰巫與
神通亦是鬼神之事故列職於此案神士
職云凡以神仕者掌三辰之法以猶鬼神示之居注引孝
經緯及國語並是制神之處位及次第主之事神仕還是
男巫爲之故
引彼以解此
大史下大夫二人上士四人
小史中士八人下士十有六人府四人史八人
胥四人徒四十人　釋曰在此者案其職云讀禮書祭
之日執書以次位常是禮事及鬼
神之事也故列職於此也小史與　注大史史官之長
大史別職而同官故共府史也　注釋曰謂與下內史外

史御史等爲長若然内史中大夫大史下大夫大史得與
内史爲長者以大史知天道雖下大夫得與内史中大夫
爲長是以
稱大也

馮相氏中士二人下士四人府二人史四人徒八人

釋曰在此者以其與大史同主天文故其職云掌歲月日辰之位故與大史連類在此

注馮乘也相視也世登高臺以視天文之次序天文屬大史月令曰乃命大史守典奉法司天日月星辰之行宿離不貸

釋曰云世登高臺以視天文之次序者以其官有世功則以官名氏故云也其天子有靈臺諸侯有觀臺皆所以視天文故云登高臺也云之次序者馮相氏掌天文不變保章氏掌天文之變變則不係次序不變則如常有次序故以次序言之也云天文屬大史者案周語單子謂魯成公曰吾非瞽史焉知天道是大史知天道之事引月令曰乃命大

史者諳大史掌天文之事云宿離不貸者鄭彼注云離耦也謂其屬馮相氏保章氏掌天文者也謂其相與宿耦當審候伺不有差忒

保章氏中士二人下士四人府二人史四人徒八人釋曰在此者案其職云掌天星以志星辰日月之變動以觀天下之遷故與馮相氏連類在此也注保守也世守天文之變　釋曰以其稱氏也故稱世守天文之變也

内史中大夫一人下大夫二人上士四人中士八人下士十有六人府四人史八人胥四人徒四十人釋曰在此者案其職云掌八枋執國法及國令之貳策命羣臣皆禮事故列職於此也

外史上士四人中士八人下士十有六人胥二人徒二十人釋曰在此者案其職云掌書外令及三皇五帝之書亦禮書之類故列職於此

御史中士八人下士十有六人其史百有二十人府四人胥四人徒四十人釋曰在此者案其職云掌贊書凡數從政者皆亦禮事故列職於此也注御猶侍也進也其史百有二十人以掌贊書人多也　釋曰其職云凡治者受法令焉并掌贊書故其史特多復在府上也

巾車下大夫二人上士四人中士八人下士十有六人府四人史八人工百人胥五人徒五十

人釋曰在此者案其職云掌公車之政令辨其用與其旗物皆是禮事故列職於此也注巾猶衣也巾車車官之長　釋曰巾猶衣也者謂王金象革等以衣飾其車故訓巾猶衣也云巾車車官之長者謂與下典路車僕等爲長也

典路中士二人下士四人府二人史二人胥二人徒二十人釋曰在此者案其職云掌王及后之五路亦是禮事故列職於此也注路王之所乘車　釋曰路大也若人君所居皆稱路故有路寢路門路馬之等皆稱路也

車僕中士二人下士四人府二人史二人胥二人徒二十人釋曰在此者案其職五戎之倅各有差等亦是禮事故亦列職於此也

司常中士二人下士四人府二人史二人胥四人徒四十人釋曰在此者案其職云掌九旗之物名亦各有差等亦是禮事故亦列職於此也注司常主王旌旗釋曰九旗之別自王巳下尊卑所建不同不專主於王鄭云司常主王旌旗者以王爲主何妨尊卑皆掌

都宗人上士二人中士四人府二人史四人胥四人徒四十人釋曰在此者案其職云掌都祭祀之禮凡都祭祀致福于國皆是事鬼神及禮事故列職於此注都謂王子弟所封及公卿所食邑釋曰案載師云家邑任稍地小都任縣地大都任畺地則大夫采地不得稱都故據大都小都而言之下文家據大夫而說也此既掌祭祀不云伯而云宗人者避大宗名夏

官都家稱司馬得與大官同名者以其軍事是重故與大官同名也秋官都家以稱士者以其主都家萬民之獄訟以告方士故謂之士士者察也取其察審之義也

家宗人如都宗人之數注家謂大夫所食采地釋曰在此者案其職云掌家祭祀之禮凡祭祀致福亦是共鬼神之事故亦列職於此

凡以神士者無數以其藝爲之貴賤之等注以神士者男巫之俊有學問才知者藝謂禮樂射御書數高者爲上士次之爲中士又次之爲下士釋曰此神士還是上羣巫中有學問者抽入神士以其能處置神位故以神爲名無數者有即入之故無常數在都家之下者欲見都家神亦處置之在此者案其職云掌三辰之法當處置神之位次故列職於此

大宗伯之職掌建邦之天神人鬼地示之禮以
佐王建保邦國　釋曰大宗伯之職者以上列其官此
列其職也云掌建邦之天神人鬼地
示之禮者單言邦據王爲言也云以佐王　注　建立也立天
建保邦國者邦國連言據諸侯爲説也　神地祇人鬼
之禮者謂祀之祭之享之禮吉禮是也保安也所以佐王
立安邦國者主謂凶禮賓禮軍禮嘉禮也自吉禮於上承
以立安邦國者互以相成明尊鬼神重人事　釋曰云立
天神地祇人鬼之禮者謂祀之祭之享之者經先云人鬼
後云地祇鄭則先云地祇後云人鬼者經先云人鬼欲見
天在上地在下人藏其間鄭後云人鬼者據下經陳吉禮
十二先地祇後人鬼據尊卑爲次故也云禮吉禮是也者
案下云以吉禮事邦國之鬼神示則此亦吉禮故云禮吉
禮是也云保安也所以佐王立安邦國者主謂凶禮賓禮
軍禮嘉禮也者鄭知建保邦國中有凶禮已下者案下文

其次有五禮具此經直云天神人鬼地示吉禮而已又邦

國之上空云建保故知建保中有四禮也是以鄭即云

吉禮於上承以立安邦國者互相成也互相成者王國

吉禮亦有凶禮已下邦國云四禮明亦有吉禮矣以其神

非人不事人非神不福故又云明尊鬼神重人事也尊鬼

神者據王國特云吉禮重事人者據諸侯特言凶禮已下

各舉一邊欲見五禮皆重故也 以吉禮事邦國之鬼神示 釋曰此已下叙五禮

先以吉禮爲上云事邦國之鬼神示者據諸侯邦國而言

者也以其天子宗伯若還據天子則不見邦國若以天子

宗伯而見邦國則有天子可知故舉邦國以包王國 注事謂祀之祭之享之故書吉或爲告杜子春云書爲告禮

者非是當爲吉禮書亦多爲吉禮吉禮之別十有二 釋

曰云事謂祀之祭之享之者還據已下所陳先後爲次若

然經先云鬼與上下體例不同者欲見逢時則祭事起無

常故先云人鬼也云吉禮之別十有二者從此下經以禋

祀血祭二經天地各有三
享人鬼有六故十二也
實柴祀日月星辰以槱
師 釋曰此祀天神之三禮以
曰芃芃棫樸薪之槱之三祀皆
燔燎而升煙所以報陽也鄭
也昊天上帝樂以雲門實柴
實柴司中三能三階也司命
也玄謂昊天上帝冬至於圜
辰謂日月所會十二次司中
中能上能也祀五帝亦用實
洛誥予以秬鬯二卣明禋注
詩云精意以享謂之禋義並與
則郊特牲云臭陽達于牆屋是

以禋祀祀昊天上帝以
燎祀司中司命飌師雨
注 禋之言煙周人尚臭煙
氣之臭聞者槱積也詩
日積柴實牲體焉或有玉帛
司農云昊天天也上帝玄天
實牛柴上也故書實柴或爲
昌宮星風師箕也雨師畢
所祀天皇大帝星謂五緯
命文昌第五第四星或曰
宗之禮六 釋曰案尚書
云禋芬芳之祭又案國
煙得相叶也但宗廟用煙
也天神用煙則此文是也

鄭於禋祀之下正取其義於煙故言禋之言煙也云周人尚
臭煙氣之臭聞者此禮記郊特牲之文也彼云周人尚臭
周人尚臭尚臭者取煙氣之臭聞於天引之者證煙義也
云槱積也詩云芃芃棫樸薪之槱之者此大雅棫樸之篇
引之證槱得爲積也云三祀皆積柴實牲體焉或有玉帛
燔燎而升煙者此司中司命等言槱燎則亦用煙也於日
月言實牲至昊天上帝言煙祀則三祀互相備矣但先積
柴次實牲後取煙事列於卑祀義全於昊天作文之意也
但云或有玉帛則有不用玉帛者肆師職云立大祀用玉
帛牲牷立次祀用牲幣立小祀用牲彼雖摠據天地宗廟
諸神今以天神言之則二大小次祀皆有也以肆師言之
煙祀中有玉帛牲牷三事實柴中則無玉唯有牲幣槱燎
中但止有牲故鄭云實牲體焉據三祀有其玉帛惟昊天
具之實柴則有帛無玉是玉帛於三祀之內或有或無故
鄭云或耳云燔燎而升煙所以報陽也者案郊特牲云升
首於室以報陽彼論宗廟之祭以首報陽今天神是陽煙

氣上聞亦是以陽報陽故取特牲為義也鄭司農云昊天一也者案孝經云郊祀后稷以配天典瑞亦云四圭有邸以祀天故云昊天天也云上帝玄天也者案廣雅云乾玄天易文言云夫玄黄者天地之雜也天玄而地黄以天色玄故謂玄名天先鄭蓋依此而讀之則二者異名而同實也若然則先鄭與王肅之等同一天而已似無六天之義故以天解昊天上帝為一也云昊天上帝樂以雲門者先鄭既無六天大司樂分樂而序之又六變俱有雲門不知定取何者以祀天云實柴實牛柴上也者案肆師職此三者皆實牲先鄭直據實柴為實牛者偏據一邊而言耳其實皆牛也云故書實柴或為賓柴者賓柴無義後鄭雖不破當還從實柴也先鄭云司中三能三階也者案武陵大守星傳云三台一名天柱上台司命為大尉中台司中為司徒下台司禄為司空云司命文昌宮星者亦據星傳云文昌宮第四曰司命第五曰司中二文俱有司中司命故兩載之云風師箕也者春秋緯云月離於箕風揚沙故知

風師箕也云雨師畢也者詩云月離於畢俾滂沱矣是雨師畢也若左氏傳云天有六氣降生五味五味即五行之味也是陰陽風雨晦明六氣下生金木水火土之五行鄭義大陽不變陰爲金雨爲木風爲土明爲火晦爲水若從妻所好言之則洪範云星有好風星有好雨鄭注云箕星好風畢星好雨是土十爲木八妻木八爲金九妻故東方箕星好風西方畢星好雨以此推之則北宮好奧南宮好暘中央四季好寒也皆是所尅爲妻是從妻所好之義也玄謂昊天上帝冬至於圜丘所祀天皇大帝者案大司樂下文凡樂圜鍾爲宮云云冬日至於地上之圜丘奏之若樂六變則天神皆降是也引之以破先鄭昊天上帝與五天爲一之義云星謂五緯者五緯即五星東方歲星南方熒惑西方大白北方辰星中央鎮星言緯者二十八宿隨天左轉爲經五星右旋爲緯案元命包云文王之時五星以聚房也星備云五星初起牽牛此云星明是五緯又案星備云歲星一日行十二分度之一十二歲而周天熒惑日

行三十三分度之一三十三歲而周天鎮星日行二十八
分度之一二十八歲而周天太白日行八分度之一八歲
而周天辰星日行一度一歲而周天是五緯所行度數之
事且諸文皆星辰合解之故尚書堯典云歷象日月星辰
洪範五紀亦云星辰鄭皆星辰合釋者餘文於義不得分
爲二故合釋此文皆上下不見祭五星之文故分星爲五
緯與辰別解若然辰雖據日月會時而言辰即二十八星
也案昭七年左氏傳晉侯問伯瑕曰何謂六物對曰歲時
日月星辰是謂也公曰多語寡人辰而莫同何謂辰對曰
日月之會是謂辰故以配日是其事但二十八星面有七
不當日月之會直謂之星若日月所會則謂之宿謂之辰
謂之次亦謂之房故尚書胤征云辰弗集于房孔注云房
日月所會是也云司中司命文昌第五第四星者此破先
鄭也何則先鄭以爲司中是三台司命是文昌星今案三
台與文昌皆有司中司命何得分之故後鄭云文昌第五
第四星必先言第五後云第四者案文昌第四云司命第

五云司中此經先云司中後云司命後鄭欲先說司中故
先引第五證司中後引第四證司命故文倒也案武陵太
守星傳云文昌宮六星第一曰上將第二曰次將第三曰
貴相第四曰司命第五曰司中第六曰司祿是其本次也
云或曰中能者亦據武陵太守星傳而言云三台一名天
柱上台司命爲大尉中台司中爲司徒下台司祿爲司空
引此破先鄭也云祀五帝亦用實柴之禮云者案禮記祭
義云大報天而主日配以月祭天以日爲主故知五帝與
日月同用實柴也若然五帝與昊天其服同大裘其牲同
繭栗於燔柴退與日月等者禮有損之而益亦如社稷服
絺冕及其血祭即在五嶽之上亦斯類也案春秋緯運斗
樞云大微宮有五帝坐星即春秋緯文耀鉤云春起青受
制其名靈威仰夏起赤受制其名赤熛怒秋起白受制其
名白招拒冬起黑受制其名汁光紀季夏六月火受制其
名含樞紐又元命包云大微爲天庭五帝以合時此等是
五帝之號也又案元命包云紫微宮爲大帝又云天生大

列爲中宫大極星其一明者大一常居傍兩星巨辰子位故爲北辰以起節度亦爲紫微宫紫之言中此宫之中天神圖法陰陽開閉皆在此中又文耀鉤云中宫大帝其北極星下一明者爲大一之先合元氣以斗布常是天皇大帝之號也又案爾雅云北極謂之北辰鄭注云天皇北辰耀魄寶又云昊天上帝又名大一常居以其尊大故有數名也其紫微宫中皇天上帝亦名昊天上帝得連上帝而言至於單名皇天單名上帝亦得故尚書君奭云公曰君奭我聞在昔成湯既受命時則有若伊尹格于皇天鄭注云皇天北極大帝又掌次云張氈案設皇邸以旅上帝上帝即大帝堯典云欽若昊天皆是大帝單名之事月令更無祭五帝之文故季夏云以供皇天上帝鄭分之皇天北辰耀魄寶上帝大微五帝亦是大帝單號之事若然大帝得單稱與五帝同五帝不得兼稱皇天昊天也異義天號等六今尚書歐陽說曰欽若昊天夏曰蒼天秋曰旻天冬曰上天總爲皇天爾雅亦然故尚書說云天有五號各用

所宜稱之尊而君之則曰皇天元氣廣大則稱昊天仁覆
愍下則稱旻天自上監下則稱上天據遠視之蒼蒼然則
稱蒼天謹案尚書堯命羲和欽若昊天摠勑四時知昊天
不獨春春秋左氏曰夏四月己丑孔子卒稱旻天不弔時
非秋天𤣥之闕也爾雅者孔子門人作以釋六藝之文言
蓋不誤矣春氣博施故以廣大言之夏氣高明故以遠言
之秋氣或殺或生故以旻天言之冬氣閉藏而清察以監
下言之昊天者其尊大號六藝之中諸稱天者以己情所
求言之非必正順於時解浩浩昊天求之博施蒼天求之
高明旻天不弔則求天殺生當得其宜上天同雲求之所
爲當順於時此之求猶人之說事各從主耳若察于時所
論從四時天各云所別故尚書所云者論其義也二者相
須乃足此名非必紫微宫之正直是人逐四時五稱之鄭
云皇天者其尊大之號不逐四時爲名似本正稱此經星
辰與司中司命風師雨師鄭君以爲六宗案尚書堯典禋
于六宗但六宗之義有其數無其名故先儒各以意說鄭

君則以此星也辰也司中也司命也風師也雨師也六者
爲六宗案異義今歐陽夏侯說六宗者上不及天下不及
地傍不及四時居中央恍惚無有神助陰陽變化有益於
人故郊祭之古尚書說六宗天地神之尊者謂天宗三地
宗三天宗日月星辰地宗岱山河海日月屬陰陽宗北辰
爲星宗岱爲山宗河爲水宗海爲澤宗祀天則天文從祀
祀地則地理從祀謹案夏侯歐陽說云宗實一而有六名
實不相應春秋魯郊祭三望言郊天日月星河海山凡六
宗魯下天子不祭日月星但祭其分野星其中山川故言
三望六宗與古尚書說同玄之聞也書曰肆類于上帝禋
于六宗望于山川徧于羣神此四物之類也禋也望也徧
也所祭之神各異六宗言禋山川言望則六宗無山川明
矣周禮大宗伯曰以禋祀祀昊天上帝以實柴祀日月星
辰以槱燎祀司中司命風師雨師凡此所祭皆天神也禮
記郊特牲曰郊之祭也迎長日之至也大報天而主日也
兆於南郊就陽位也埽地而祭於其質也祭義曰郊之祭

大報天而主日配以月則郊祭并祭日月可知其餘星也辰也司中司命風師雨師此之謂六宗亦自明矣禮論王莽時劉歆孔昭以爲易震巽等六子之卦爲六宗漢武即位依虞書禋于六宗禮用大社至魏明帝時詔令王肅議六宗取家語宰我問六宗孔子曰所宗者六埋少牢於大昭祭時相近于坎壇祭寒暑王宮祭日夜明祭月幽禜祭星雩禜祭水旱孔安國注尚書與此同張融許從鄭君於義爲允案月令孟冬云祈來年於天宗鄭云天宗日月星辰若然星辰入天宗又入六宗其日月入天宗即不入六宗之數也以其祭天主日配以月日月旣尊如是故不得入宗

周禮疏卷第十九

唐朝散大夫行大學博士弘文館學士臣賈公彥等撰

以血祭祭社稷五祀五嶽以貍沈祭山林川澤以疈辜祭四方百物

釋曰此一經言祭地示三等之禮尊卑之次亦是歆神始也云以血祭祭社稷五祀五嶽者此皆地之次祀先薦血以歆神已下二祀不復用血也

注不言祭地此皆地祇祭地可知也陰祀自血起貴氣臭也社稷土穀之神有德者配食焉共工氏之子曰句龍食於社有厲山氏之子曰柱食於稷湯遷之而祀棄故書祀作禩疈爲罷鄭司農云禩當爲祀書亦或作祀五祀五色之帝於王者宮中曰五祀罷辜披磔牲以祭若今時磔狗祭以止風玄謂此五祀者五官之神在四郊四時迎五行之氣於四郊而祭五德之帝

亦食此神焉少昊氏之子曰重爲句芒食於木該爲蓐收
食於金脩及熙爲玄冥食於水顓頊氏之子曰黎爲祝融
后土食於火土五嶽東曰岱宗南曰衡山西曰華山北曰
恒山中曰嵩高山不見四竇者四竇五嶽之匹或省文祭
山林曰埋川澤曰沈順其性之含藏疈辜牲胷也疈而磔
之謂磔禳及蜡祭郊特牲曰八蜡以記四方四方年不順
成八蜡不通以謹民財也又曰蜡之祭也主先嗇而祭司
嗇也祭百種以報嗇也饗農及郵表畷禽獸仁之至義之
盡也　釋曰云不言祭地此皆地祇祭地可知也者此經
對上經祭天天則大次小三者具此經雖見三祀唯有次
小祀而已以其方澤與昊天相對此經方澤不見者此血
祭下仍有貍沈與疈辜二祀三祀具得與上天神三者相
對故闕大地也且社稷亦土神故舉社以表地示鼓人職
亦云靈鼓鼓社祭亦舉社以表地此其類也若大地方澤
當用瘞埋與昊天煙相對故鄭云不言祭地此皆地祇祭
地可知也云陰祀自血起者對天爲陽祀自煙起貴氣臭

同也云社稷土穀之神者案孝經緯援神契云社者五土
之揔神稷者原隰之神五穀稷爲長五穀不可徧敬故立
稷以表名郊特牲亦云社者神地之道社者土之神稷者
穀之神故云土穀之神也云有德者配食焉云云至而祀
棄案左氏昭公二十九年傳云共工氏有子曰句龍爲后
土后土爲社則是死乃配社食之云有厲山氏之子曰柱
食於稷湯遷之而祀棄者案左傳云有烈山氏之子曰柱
爲稷案祭法云厲山氏之有天下也其子曰農能殖百穀
夏之衰也周棄繼之故祀以爲稷若然稷祀棄實在湯時
云夏之衰者遷柱由旱欲見旱從夏起故據夏而言也是
以書序云湯既勝夏欲遷其社不可作夏社注云犧牲既
成粢盛旣潔祭以其時而旱暵水溢則變置社稷當湯伐
桀之時旱致災明法以薦而猶旱至七年故湯遷柱而以
周棄代之欲遷句龍以無可繼之者於是故止其旱在夏
之時驗也先鄭云五祀五色之帝於王者宫中曰五祀者
先鄭意此五祀即掌次云祀五帝一也故云五色之帝後

鄭不從者案司服云祀昊天與五帝皆用大裘當在圜丘與四郊上今退在社稷之下於王者官中失之遠矣且五帝天神當在上經陽祀之中退在陰祀之內一何陋也云罷辜披磔牲以祭者此先鄭從古書罷於義未可故後鄭不從罷從經疈爲正其云披磔牲以祭仍從之矣云若今時磔狗祭以止風者此舉漢法以況疈辜爲磔之義必磔狗止風者狗屬西方金金制東方木之風故用狗止風也玄謂此五祀者五官之神在四郊者生時爲五官死乃爲神配五帝在四郊知在四郊者鄭即引月令四時四立之日迎氣在四郊并季夏迎土氣是五迎氣故鄭云四時迎五行之氣於四郊也云而祭五德之帝亦食此神焉者但迎氣迎五方天帝雖不言祭人帝案月令四時皆陳五德之帝大昊炎帝黃帝少昊顓頊等五德之帝并五人神於上明知五人神爲十二月聽朔及四時迎氣而陳故鄭此注及下青圭赤璋之下注皆云迎氣時并祭五人帝五人神也云少昊氏之子曰重已下案昭二十九年魏獻子問

蔡墨曰社稷五祀誰氏之五官對曰少皞氏有四叔曰重
曰該曰脩曰熙實能金木及水使重爲句芒該爲蓐收脩
及熙爲玄冥世不失職遂濟窮桑此其三祀也顓頊氏有
子曰犂爲祝融共工氏有子曰句龍爲后土此其二祀也
后土爲社稷爲田正有烈山氏之子曰柱爲稷趙商問春
秋昭二十九年左傳曰顓頊氏之子犂爲祝融共工氏有
子曰句龍爲后土其二祀五官之神及四郊合爲犂食后
土祭法曰共工氏霸九州也其子曰后土能平九州故祀
以爲社社即句龍荅曰犂爲祝融句龍爲后土左氏下言
后土爲社謂暫作后土無有代者故先師之說犂兼之因
火土俱位南方此注云犂爲祝融后土食于火土亦惟見
先師之說也云五嶽東曰岱宗南曰衡山西曰華山北曰
恒山中曰嵩高山者此五嶽所在據東都地中爲說案大
司樂云四鎮五嶽崩注云華在豫州嶽在雍州彼據鎬京
爲說彼必據鎬京者彼據災異若據洛邑則華與嵩高並
在豫州其雍州不見有災異之事故注有異也案爾雅江

河淮濟爲四瀆爲定五岳不定者周國在雍州時無西嶽
故權立吴嶽爲西嶽非常法爾雅不載以東都爲定故爾
雅載之也若然此南嶽衡案爾雅霍山爲南嶽者霍山即
衡山也故地理志揚州霍山爲南嶽者山今在廬江彼霍
山與冀州霍山在嵩華者别云不見四竇者四竇五嶽之
匹或省文者五嶽四瀆相對若天地故設經省文惟見五
嶽也若然下云貍沈祭山林川澤五嶽歆神雖與社稷同
用血五嶽四瀆山川之類亦當貍沈也爾雅云祭山曰庪
縣者或異代法耳若然庪縣既非周法而校人云凡將事
于四海山川則飾黄駒注云王巡守過大山川則有殺駒
以祈沈禮與玉人云天子以巡守宗祝以前馬注云其祈
沈以馬宗祝亦執勺以先之彼亦言祈沈者祈沈雖非周
法引以況義無嫌也云祭山林曰埋川澤曰沈順其性之
含藏者經埋沈祭山林川澤揔言不析别而説故鄭分之
以其山林無水故埋之川澤有水故沈之是其順性之重
藏也云疈疈牲胷也者無正文蓋據當時疈磔牲體者脩

從胷臆解析之故以胷言之云謂磔禳及蜡祭者案禮記
月令云九門磔禳又十二月大儺時亦磔禳是磔牲禳去
惡氣之禮也云及蜡祭者案彼云蜡也者索也歲十二月
合聚萬物而索享之謂天子於周之十二月建亥之月於
郊而爲蜡法此所引郊特牲曰八蜡已下彼據諸侯行蜡
法彼云八蜡以記四方不作祀作祀者誤云八蜡以記四
方者謂八蜡之禮以記四方諸侯知順成不順成若年不
順成則八蜡不通以謹民財也若四方諸侯年穀有不順
四時成熟者其八蜡不得與四方成熟之處通祭八蜡也
云以謹民財者八蜡既不通明民不得行黨正飲酒奢侈
之事故云以謹民謹民謂謹節民之用財之法也又曰蜡
之祭也主先嗇而祭司嗇者彼注云先嗇若神農者司嗇
后稷是也云祭百種以報嗇也者謂合聚萬物而索享之
以報收嗇之功故云祭百種以報嗇也云享農及郵表畷
者彼注云農謂田畯典田大夫郵表畷畷止也謂田畯督
約百姓於井閒之處也是郵行往來立表畷止於其下是

止息之處有神亦祭之云禽獸仁之至義之盡也者八蜡
者案彼祭有先嗇一也司嗇二也農三也郵表畷四也猫
虎五也坊六也水庸七也昆蟲八也蜡之中有猫虎是禽
獸也云仁之至者據饗先嗇司嗇及農是仁恩之至義之
盡者據饗猫虎坊與水庸郵表畷之等
是義之盡引之者證祭亦䄍牲之事也 以肆獻祼享
先王以饋食享先王以祠春享先王以禴夏
享先王以嘗秋享先王以烝冬享先王 釋曰此一經陳
享宗廟之六禮也此經若細而言之即有六禮摠而言之
則亦有三等之差肆獻祼是祫之大祭以饋食是禘之次
祭以春享以下是時祭之小祭若以摠用衮冕大宰言之
此亦皆爲大祭也故酒正注云大祭者王服大裘衮冕所
祭是也此六者皆言享者對天言祀地言祭 注宗廟之祭
故宗廟言享享獻也謂獻饌具於鬼神也 有此六享

肆獻祼饋食在四時之上則是祫也禘也肆者進所解牲
體謂薦孰時也獻獻醴謂薦血腥也祼之言灌灌以鬱鬯
謂始獻尸求神時也郊特牲曰魂氣歸于天形魄歸于地
故祭所以求諸陰陽之義也殷人先求諸陽周人先求諸
陰灌是也祭必先灌乃後薦腥薦孰於祫逆言之者與下
共文明六享俱然祫言肆獻祼禘言饋食者著有黍稷互
相備也魯禮三年喪畢而祫於大祖明年春禘於羣廟自
爾以後五年而再殷祭一祫一禘　釋曰云宗廟之祭有
此六享者此則吉禮十二之中處其六也云肆獻祼饋食
在四時之上則是祫也禘也者但周法有三年一祫則文
二年大事于大廟公羊傳云大事者何大祫也大祫者何
合祭也毀廟之主陳于大祖未毀廟之主皆升合食于大
祖列昭穆序父子是祫之義也若殷則祫於三時周則秋
祫而已又有五年一禘禘則各於其廟爾雅云禘大祭者
禘是揔名祭法祭天圜丘亦曰禘大傳云王者禘其祖之
所自出謂夏正郊天亦曰禘夏殷四時之祭夏祭亦曰禘

但於周宗廟之祭則有五年禘禘雖小於祫大於四時亦
是大祭之名也云肆者進所解牲體謂薦孰時也者薦孰
當朝踐後爓祭時故禮運云腥其俎孰其殽鄭云孰其殽
謂體解而爓之是其饋獻獻以盎齊之節故云薦孰時但
體解之時必肆解以爲二十一體故云肆也云獻醴謂
薦血腥也者此是朝踐節當二灌後王出迎牲祝延尸出
户坐於堂上南面迎牲入豚解而腥之薦於神坐以玉爵
酌醴齊以獻尸后亦以玉爵酌醴齊以獻尸故云謂薦腥
也云祼之言灌者經云祼者是古之祼字取神示之義故
從示鄭轉從灌者以鬱鬯灌地降神取澆灌之義故從水
言灌以鬱鬯謂始獻尸求神時也者凡宗廟之祭迎尸入
户坐於主北先灌謂王以圭瓚酌鬱鬯以獻尸尸得之瀝
地祭訖啐之奠之不飲尸爲神象灌地所以求神故云始
獻尸求神時也言始獻對後朝踐饋獻酳尸等爲終故此
稱始也郊特牲曰魂氣歸于天形魄歸於地故祭所以求
諸陰陽之義也者人之歖吸出入之氣爲魂耳目聰明爲

魄人死魂氣歸於天爲陽形魄歸於地爲陰祭時作樂爲
陽是求諸陽灌地爲陰是求諸陰故云求諸陰陽之義也
云殷人先求諸陽周人先求諸陰者此二代自相對殷人
先求諸陽謂未灌先合樂周人先求諸陰謂未合樂先灌
故云求諸陰灌是也引之者欲見周人祭先灌之意云祭
必先灌乃後薦腥薦孰於祫逆言之者與下共文明六享
俱然者如向所說具先灌訖王始迎牲次腥其俎腥其俎
訖乃爓爓祭訖始迎尸入室乃有黍稷是其順也今此經
先言肆肆是饋獻節次言獻是朝踐節後言灌灌是最在
先之事是於祫逆言之也言與下共文明六享俱然者既
從下向上爲文即是於下五享與上祫祭皆有灌獻肆三
事矣故云六享俱然云祫言肆獻灌禘言饋食者著有黍
稷互相備也者祫言肆獻灌明禘亦有之禘言饋食食是
黍稷則祫亦有黍稷矣著明也明有黍稷互相備矣云魯
禮三年喪畢而祫於大祖者此以周衰禮廢無文可明春
秋左氏傳云周禮盡在魯即以春秋爲魯禮今言魯禮者

指春秋而言也春秋三年喪畢而祫於大祖謂若文公二年秋八月大事於大廟也僖公以僖三十三年薨至文二年秋八月於禮雖少四月猶是三年喪畢而爲祫祭也是魯禮三年喪畢而祫於大祖大祖謂周公廟周公廟中而爲祫祭也云明年春禘於羣廟者此明年春禘雖無正文約僖公宣公得知矣案僖公八年及宣公八年皆有禘文則知僖公宣公三年春有禘可知何者以文公二年祫則知僖公宣公二年亦有祫僖公宣公二年旣爲祫則明年是三年春禘四年五年六年秋祫是三年祫更加七年八年添前爲五年禘故僖公宣公八年皆有禘是明年春禘明矣故云明年春禘於羣廟也云自爾以後五年而再殷祭者公羊傳文殷大也除明年春從四年已後四年五年六年七年八年八年之中四年五年六年爲三年祫七年八年添前爲五年禘是五年再殷祭也云一祫一禘者是禮讖文謂五年之中爲一禘一祫也鄭言此者欲見肆獻祼及饋食三者爲祫禘從三年喪畢後爲始之意也從經

祀巳下至此吉禮十二皆歆神始何者案大司樂分樂而序之云乃奏黃鍾歌大吕舞雲門以祀天神巳下下復云圜鍾爲宫若樂六變天神皆降若樂八變地示皆出若樂九變人鬼可得而禮鄭云天神則主北辰地祇則主崐崘人鬼則主后稷先奏是樂以致其神禮之以玉而裸焉彼先奏是樂以致其神則天神地示人鬼皆以樂爲下神始也彼鄭云禮之以玉據天地而裸焉據宗廟則此上下天神言煙地示言血此宗廟六享言裸是其天地宗廟皆樂爲下神始煙血與裸爲歆神始也又案禮器與郊特牲皆言郊血大享腥三獻爓一獻熟者皆是薦饌始也以其郊是祭天而言用血大享是祫祭先王而言用腥三獻是社稷而言用爓一獻是祭羣小祀而言用熟與此是其先彼是其後後爲薦饌可知故郊言血大享言腥三獻言爓一獻言熟也

以凶禮哀邦國之憂

釋曰此凶禮之目也邦國者亦如吉禮舉外以包内之義凡言哀者皆謂彼凶災從後以物哀之也

注哀謂

救患分烖凶禮之別有五　釋曰云一衣謂救患分烖者此
據左氏僖元年夏六月邢遷于夷儀諸侯城之救患也凡
侯伯救患分災討罪禮也引之者證哀者從後往哀之義
言救患分災討罪者救患即邢有不安之患諸侯城之是
救患也分災謂若宋災諸侯會於澶淵謀歸宋財是分災
也討罪謂諸侯無故相伐是罪人也霸者會諸侯共討之
是討罪也三者皆是相哀之法故并引之

以喪禮哀死亡　注哀謂親者服焉疏者含襚

釋曰諸經云亡者多是逃亡此經鄭不解亡則亡與喪爲
一以其逃亡無可哀故也云哀謂親者服焉者據上文云
哀邦國之憂則此亦據諸侯邦國之內而言但天子諸侯
絶傍期傍期已下無服若始封之君不臣諸父昆弟亦有
服今鄭云親者服焉疏者含襚者鄭廣解哀義不專據天
子諸侯之身也案士喪禮親者不將命注云大功已上有
同財之義無歸含法鄭云親者服焉據大功親以上直有
服無含法若小功以下有含并有服也若然此據大夫巳

下而說天子諸侯雖無服其含襚則有之故春秋王使榮叔歸含且賵士喪禮君使人襚明天子諸侯於臣子皆有含襚也

以荒禮哀凶札

注荒人物有害也曲禮曰歲凶年穀不登君膳不祭肺馬不食穀馳道不除祭事不縣大夫不食粱士飲酒不樂札讀爲截截謂疫厲 釋曰云荒人物有害者經云荒以爲目下云凶札則荒中有凶是物有害荒中兼有札是人有害案司服云大札大荒則素服注云札疫病荒飢饉者彼不以荒爲目以荒替凶處故彼注荒爲飢饉不爲物有害也曲禮曰以下案彼注不祭肺則不殺也馳道不除爲妨民取蔬食也皆自貶損若然君言不祭肺馬不食穀祭事不縣則大夫士亦然大夫言不食粱粱加穀士飲酒不樂則人君日食黍稷稻粱亦貶於飲酒亦不樂君臣互見爲義也云札讀爲截截謂疫厲者鄭讀從截絶之義故也春秋有天昬札瘥是厲鬼爲疫病之事故云謂疫厲也

以弔禮哀禍烖

注禍烖謂遭水火宋大水

魯莊公使人弔焉曰天作淫雨害於粢盛如何不弔廄焚孔子拜鄉人為火來者拜之士一大夫再亦相弔之道釋曰禍烖謂遭水火鄭知義然者以上下文驗之此禍災當水火故引水火二事為證也案莊十一年秋宋大水魯人使弔之傳例兩三日巳上為淫廄焚孔子拜鄉人為火來者事見禮記雜記云亦相弔之道者謂亦如魯莊公弔宋事也

以禬禮哀圍敗注同盟者合會財貨以更其所喪春秋襄三十年冬會于澶淵宋災故是其類釋曰此經本不定若馬融以為國敗正本多為圍敗謂其國見圍入而國被禍敗喪失財物則同盟之國會合財貨歸之以更其所喪也必知禬是會合財貨非會諸侯之兵救之者若會合兵當在軍禮之中故知此禬是會合財貨以濟之也故大行人云致禬以補諸侯之災小行人亦云若國師役則命犒禬之是其有財貨相補之驗故引左氏澶淵之會為證也案左氏傳為宋災諸侯之大夫謀歸宋財是以冬十月叔孫豹會晉趙武齊公

孫蠆宋向戌衛北宮佗鄭罕虎及小邾之大夫會于澶淵
既而無歸于宋故不書其人君子曰信其不可不慎澶淵
之會卿不書不信也又云書曰某人某人尤之也若然
既而無歸宋財引者此取本謀歸宋財一邊義無嫌也**以**

恤禮哀寇亂注恤憂也鄰國相憂兵作於外爲寇作於
內爲亂　釋曰云鄰國相憂者亦上云哀
邦國之憂據諸侯爲說故鄭以鄰國解之云兵作於外爲
寇作於內爲亂者案文公六年魯惠伯云兵作於內爲亂
於外爲寇又成公十七年長魚矯曰臣聞亂在外爲姦在
內爲軌御姦以德御軌以刑據此文既言寇亂當據惠伯
之言爲義也而云哀之者既不損
財物當遣使往諮問安不而已**以賓禮親邦國**注親
謂使之相親附賓禮之別有八　釋曰經既云親邦國故
鄭還以使諸侯相親附解之即下文相朝聘之義是也賓
禮之別有八者即下文八
者皆以曰間之者是也**春見曰朝夏見曰宗秋見**

曰覲冬見曰遇時見曰會殷見曰同注此六禮者以諸侯見王

爲文六服之内四方以時分來或朝春或宗夏或覲秋或遇冬名殊禮異更遞而偏朝猶朝也欲其來之早宗尊也欲其尊王覲之言勤也欲其勤王之事遇偶也欲其若不期而俱至時見者言無常期諸侯有不順服者王將有征討之事則既朝覲王爲壇於國外合諸侯而命事焉春秋傳曰有事而會不協而盟是也殷猶衆也十二歲王如不巡守則六服盡朝朝禮既畢王亦爲壇合諸侯以命政焉所命之政如王巡守殷見四方四時分來終歲則偏

釋曰云此六禮者以諸侯見王爲文者案此經文皆云見是下於上稱見故云諸侯見王爲文也秋官大行人云春朝諸侯之等皆云朝覲諸侯是王下見諸侯爲文故彼注云王見諸侯爲文二者相對爲文不同以彼是天子見諸侯之義故圖天下之事以此邦國之功皆據天子爲主故以天子見諸侯爲文此則諸侯依四時朝天子故以諸侯見

天子爲文云六服之内四方以時分來或朝春或宗夏或覲秋或遇冬者諸要服以内侯甸男采衛要之等云四時分來春東方六服當朝之歲盡來朝夏南方六服當宗之歲盡來宗秋西方六服當覲之歲盡來覲冬北方六服當遇之歲盡來遇是其或朝春或宗夏或覲秋或遇冬之事也云朝之言朝也欲其來之早宗尊也欲其尊王覲之言勤也欲其勤王之事遇偶也欲其若不期而俱至者此鄭解其名也四方諸侯來朝覲天子豈有別意乎明各舉一邊互見爲義耳云時見者言無常期者非謂時常月直是事至之時故云時者言其無常期也言諸侯有不順服此解時之義也云王將有征討之事者諸侯既不順服明知有征討之事也云則既朝覲王爲壇於國外合諸侯而命事焉者此司儀及覲禮所云爲壇合諸侯是也云命事者謂命以征討之事即大行人云時會以發四方之禁禁是九伐之法也云春秋傳曰有事而會不協而盟者此昭三年鄭子大叔曰文襄之霸也其務不煩諸侯令諸侯三歲而聘五歲而朝有事而會不協而盟

引之者證時會之義但是霸者會盟諸侯非王者法引之者
取一邊證爲壇會盟之事同若然當諸侯有不順王命者不
來其順服者皆來朝覲天子一則顯其順服二則欲助天子
征討故來也云既朝覲者若不當朝之歲則不須行朝覲於
國中直壇朝而已其當朝之歲者則於國中春夏行朝宗於
王朝受享於廟秋冬則一受之於廟也故鄭云既朝覲王
爲壇於國外也云殷猶衆也十二歲王如不巡守則六服
盡朝朝禮既畢王亦爲壇合諸侯以命政焉鄭知十二歲
者案大行人云十二歲王乃巡守殷國若王無故則巡守
王制及尚書所云者是也若王有故則此云殷見曰同及
大行人云殷國是也云殷同者六服衆皆同來言殷國者
衆來見於王國其事一也鄭知爲壇於國外者覲禮云諸
侯覲于天子爲宮方三百步四門壇十有二尋深四尺加
方明于其上鄭注云四時朝覲受之於廟此謂時會殷同
也明知諸侯殷見亦爲壇於國外若巡守至方嶽然云所
命之政如王巡守者巡守命政則王制所云命典禮考禮

命市納價之類又尚書所云歲二月東巡守已下脩五禮五王及協時月正日之等皆是也云殷見四方四時分來終歲則徧者若四時服數來朝則當朝之歲大行人所云侯服年年朝甸服二年朝男服三年朝采服四年朝衛服五年朝要服六年朝各隨其年而朝若殷見曰同春則東方六服盡來夏則南方六服盡來秋則西方六服盡來冬則北方六服盡來故云四方四時分來終歲則徧矣

時聘曰問殷覜曰視注時聘者亦無常期天子有事乃聘之焉竟外之臣既非朝歲不敢瀆爲小禮殷覜謂一服朝之歲以朝者少諸侯乃使卿以大禮衆聘焉一服朝在元年七年十一年　釋曰此經二者是諸侯遣臣聘問天子之事鄭知時聘是無常期者以其與上文時見同言時則知此時聘亦無常期也云天子有事乃聘之焉者上時見是當方諸侯不順服其順服者當方盡朝無遣臣來之法其餘三方諸侯不來諸侯聞天子有征伐之事則遣大夫來問天子故云天子有事乃聘之

焉云竟外之臣既非朝歲不敢瀆爲小禮者瀆數也天子
無事不敢數遣大夫聘問天子以是故有事乃遣大夫問
也必知時聘遣大夫不使卿者以其經稱問案聘禮小聘
曰問使大夫此經云曰問明使大夫也云殷覜謂一服朝
之歲以朝者少者以其周法依大行人諸侯服數來朝則
有一服朝之歲諸侯既不自朝明使卿來聘天子故稱殷
殷衆也若殷見然云朝者少卿來則衆也云諸侯乃使卿
以大禮衆聘焉者鄭知使卿以大禮者見聘禮大聘使卿
此既諸侯使臣代己來明不得使大夫故知使卿以大禮
衆聘焉使卿爲大禮對使大夫爲小禮也云一服朝在元
年七年十一年者鄭約大行人要服之內諸侯服數來朝
一服朝當此三年以其侯服年年朝甸服二年朝四年朝
六年朝八年朝十年朝十二年從天子巡守是甸服於元
年七年十一年無朝法是使卿殷覜也男服三年朝六年
朝九年朝十二年從天子巡守於元年七年十一年亦無
朝法是亦使卿以大禮聘天子也采服四年朝八年朝十

二年從天子巡守則元年七年十一年亦無朝天子之法是亦使卿以大禮聘天子也衛服五年朝十年朝則元年七年十一年亦無朝天子法是亦使卿以大禮聘天子也要服六年朝十二年從天子巡守則元年七年十一年亦無朝法是亦使卿以大禮聘也故知一服朝在元年七年十一年也

以軍禮同邦國 注同謂威其不協僭差者軍禮之別有五 釋曰既云同邦國則使諸侯邦國和同故鄭云同謂威其不協僭差者使之和協不僭差僭差謂若禮記郊特牲云宮縣白牡朱干設錫之類皆是諸侯之僭禮也

大師之禮用衆也 注用其義勇 釋曰云大師者謂天子六軍諸侯大國三軍次國二軍小國一軍出征之法用衆鄭云用其義勇者論語云見義不爲無勇也見義謂見君有危難當致身授命以救君是見義而爲故勇義兼言若朋友推刃是不義而勇也

大均之禮恤衆也 注均其地政地守地職之賦所以憂

民　釋曰此大均亦據邦國徧天下皆均之故云大均不
患貧而患不均不均則民患故大均之禮所以憂恤其衆
也鄭約地官均人云掌均地政均地守均地職彼注云政
讀爲征地征謂地守地職之稅也地守衡虞之屬地職農
圃之屬若然地征者與下地守地職爲目也此云之賦即
彼注之稅一也此大均必在軍禮者謂諸侯賦稅不均者
皆是諸侯僭濫無道致有不均之　**大田之禮簡衆也**
事當合衆以均之故在軍禮也
注古者因田習兵閲其車徒之數　釋曰此謂天子諸侯
親自四時田獵簡閲也謂閲其車徒之數也云古者因田
習兵者案書傳云戰者男子之事因蒐狩以閑之閑之者
串之大司馬田法引論語不教民戰是謂棄之以證因田
獵爲習兵之事云閲其車徒者田獵之時　**大役之禮**
有車徒旗鼓甲兵之事故云閲其車徒也
任衆也　注築宮邑所以事民力強弱　釋曰鄭知有築
宮邑者詩云築室百堵西南其戸是築宮也詩

又云築城伊匹是築邑也其靈臺隄防之等皆役民力鄭
略之也云事民力強弱者論語云爲力不同科是事民力
之強弱也**大封之禮合衆也**注正封疆溝塗之固所以合
聚其民　釋曰知大封爲正
封疆者謂若諸侯相侵境界民則隨地遷移者則民庶不
得合聚今以兵往正之則其民合聚故云大封之禮合衆
也鄭兼言溝塗者古境界皆有溝塗而樹之
以爲阻固則封人云掌設封而樹之者是也**以嘉禮親**
萬民釋曰餘四禮皆云邦國獨此云萬民者餘四禮萬
人所行者少故舉邦國而言此嘉禮六者萬民所
行者多故舉萬人**注**嘉善也所以因人心所善者而爲之
其實上下通也　制嘉禮之別有六　釋曰云所以因
人心所善者而爲之制者案禮運云飲食男女人之大欲
存焉此嘉禮有飲食男女之等皆是人心所善者故設禮
節以裁制之即下**以飲食之禮親宗族兄弟**釋曰
經所云者皆是也　此經

云飲食亦尊卑通有下文別有饗燕則經云飲者非饗燕是私飲酒法其食可以通燕食俱有以其下不別云食故也

注 親者使之相親人君有食宗族飲酒之禮所以親之也文王世子曰族食世降一等大傳曰繫之以姓而弗別綴之以食而弗殊百世而昏姻不通者周道然也

釋曰言使之相親者止謂與族人行飲食即是相親也云人君有食宗族飲酒之禮所以親之也者謂人君與族人行食禮并飲酒之禮故並言之文王世子曰族食世降一等者鄭彼注云親者稠疏者稀假令親兄弟歲四度從父昆弟歲三度從祖昆弟歲二度族昆弟歲一度是其一世降一等云大傳曰繫之以姓而弗別者子孫雖有氏族不同皆繫之以正姓若魯姓姬子孫氏曰仲孫叔孫季孫之屬氏族雖異同是姓姬故云繫之以姓而不別也云綴之以食而弗殊者謂繼別爲大宗者與族人行食禮相連綴序以昭穆而不可殊異也云百世而昏姻不通者以繫之以正姓雖氏族異昏姻不得通行也云周道然也者對殷

道則不然以其旁道氏族異則得昏姻也引之者證此經
以飲食相親之事鄭注引文王世子據人君法引大傳據
大夫士法則萬民亦
有此飲食之禮也 以昏冠之禮親成男女 釋曰此一節陳
昏姻冠笄之事上句直言昏冠專據男而言亦有姻笄故
下句兼言男女也若然則昏姻之禮所以親男女使男女
相親三十之男二十之女配為夫妻是也冠笄之禮所以
成男女男二十而冠女子許嫁十五而笄不許亦二十而
笄皆責之以 注 親其恩成其性 釋曰案昏義壻親迎御
成人之禮也 輪三周是壻親之親之也者使之親己是
親其恩也云成其性者冠義云禮始於冠既冠責以為人
父為人子為人臣之禮又內則云二十敦行孝弟是成其
性也 以賓射之禮親故舊朋友 釋曰言以賓射之禮者謂若射人王以六
耦射三侯三獲三容五正是賓射之侯也以此賓射之禮
者謂行燕飲之禮乃與之射所以申歡樂之情故云親故

舊朋友也 注 射禮雖王亦立賓主也王之故舊朋友爲世子時共在學者天子亦有友諸侯之義武王誓曰我友邦冢君是也司寇職有議故之辟議賓之辟 釋曰云射禮雖王亦立賓主也者案大射禮以大夫爲賓主案此云王以賓射之禮旣行燕飲之禮明知王亦立賓主也云王之故舊朋友爲世子時共在學者若據即位爲王巳後亦有以臣爲朋友不得云故舊今云故舊朋友明據未爲王時案文王世子周公居攝成王與伯禽在學與學子同居又王制有王大子是爲世子時共在學者也云天子亦有友諸侯之義即所引泰誓武王誓曰我友邦冢君是天子有友諸侯之義言此者欲見經云朋友亦含諸侯在其中案洛誥周公謂成王云孺子其朋彼以成王以臣爲朋友則此朋友之中可以兼之矣引司寇職有議故之辟議賓之辟者證諸侯爲賓又王之故舊皆在議限與此經故舊朋友並得爲賓射相親之事也 以饗燕之禮親四方之賓客 注 賓客謂朝聘

者 釋曰此經饗燕並言殊食於上者食無獻酬之法故別言於上與饗飲同科此饗燕謂大行人云上公三饗三燕侯伯再饗再燕子男一饗一燕饗亨大牢以飲賓獻依命數在廟行之燕者其牲狗行一獻四舉旅降脫屨升坐無筭爵以醉爲度行之在寢此謂朝賓若聘客則皆一饗其燕與時賜無數是親四方賓客也 以脤膰之禮親兄弟之國 注脤膰社稷宗廟之肉以賜同姓之國同福祿也兄弟有共先王者魯定公十四年天王使石尚來歸脤 釋曰兄弟之國謂同姓諸侯若魯衛晉鄭之等凡受祭肉者受鬼神之祐助故以脤膰賜之是親之同福祿也鄭摠云脤膰社稷宗廟之肉分而言之則脤是社稷之肉膰是宗廟之肉是以成十三年公及諸侯朝王遂從劉康公成肅公會晉侯伐秦成子受脤于社不敬注云脤宜社之肉也盛以蜃器故曰脤劉子曰國之大事在祀與戎祀有執膰戎有受脤注云膰祭肉 又案異義左氏說脤社祭之肉盛之以蜃宗廟之

肉名曰膰以此言之則宗廟之肉曰膰社稷之肉曰脤之驗也而公羊穀梁皆云生居俎上曰脤熟居俎上曰膰非鄭義耳對文脤爲社稷肉膰爲宗廟肉其實宗廟社稷器皆飾用蜃蛤故掌蜃云祭祀共蜃器之蜃注云飾祭器是其祭器皆飾以蜃也云兄弟有共先王者謂若魯與周同承文王鄭與周同承厲王如此之輩與周同立廟是共先王也云定公十四年天王使石尚來歸脤者石尚天子之上士故稱名氏言來者自外之辭歸者不反之稱是天子祭社使來歸脤引之證同姓有歸脤之事此文雖主兄弟之國至於二王後及異姓有大功者得與兄弟之國同故僖九年夏王使宰孔賜齊侯胙曰天子有事于文武使孔賜伯舅胙注云胙膰肉周禮以脤膰之禮親兄弟之國不以賜異姓敬齊侯比之賓客又僖公二十四年宋成公如楚還入於鄭鄭伯將享之問禮於皇武子對曰宋先代之後也於周爲客天子有事膰焉有喪拜焉是二王後及異姓有大功者亦得脤膰之賜是以大行人直言歸脤以交

諸侯之福不辨同姓異姓是亦
容有非兄弟之國亦得脤膰也 **以賀慶之禮親異姓**
之國 釋曰言賀慶者謂諸侯之國有喜可賀可慶之事王使
大夫往以物賀慶之可施及異姓之國所以親之也
雖主異姓其同姓有賀慶可知故舉異姓包同姓也是以
大行人云賀慶以贊諸侯之喜不別同姓異姓則兼同姓
可 **注**異姓王昏姻甥舅 釋曰若據男女身則男曰昏女
知 曰姻若以親言之則女之父曰昏壻之父曰姻言甥
舅者嫁女與之則爲甥王娶女
求則爲舅揔是昏姻之國也 **以九儀之命正邦國**
之位 釋曰此一經與下文爲揔目以其大宗伯掌五禮禮
所以辨尊卑故以九儀之命正諸侯邦國之位使之
不有僭 **注**每命異儀貴賤之位乃正春秋傳曰名位不同
濫也 禮亦異數 釋曰云每命異儀貴賤之位乃正
者下文從一命以至九命各云所受賜貴賤不同即此經
以九儀之命正邦國之位事義相成故云貴賤之位乃正

正則不僭濫也引春秋傳曰名位不同禮亦異數者證每命異儀

壹命受職注始見命爲正吏謂列國之士於子男爲大夫王之下士亦一命鄭司農云受職治職事 釋曰云始見命爲正吏者對府史胥徒非正吏以其府史胥徒皆官長所自辟除未得王之命故以士得王命者爲正吏也云謂列國之士者謂公侯伯爲列國下云七命賜國鄭注孝經云列土封疆謂之諸侯亦據公侯伯七命賜國則子男不得爲列國也典命公侯伯之士一命故鄭以列國之士解之也云於子男爲大夫者典命子男大夫一命是也云王之下士亦一命者無正文直以序官有上士中士下士之名又典命大夫四命之下空文宜有三命二命一命故以王之下士一命解之若然典命不見王之士三命已下者以其四命已上有出封之理故下云其出封皆加一等士無出封之理故不言以義推之則上有三命已下也先鄭云受職治職事者設官分職止爲治事故以治職事解之也

再命受服

注鄭司農云受服受祭衣服爲上士玄謂此受玄冕之服列國之大夫再命於子男爲卿卿大夫自玄冕而下如孤之服王之中士亦再命則爵弁服　釋曰先鄭云受服受祭衣服爲上士者祭衣服雖不指斥服名以義推之先鄭云爲上士則服爵弁服也言爲上士者上一命先鄭雖不言王之中士下士同一命此言再命爲上士則王之中士下士同一命可知也玄謂此受玄冕之服者以司服云孤絺冕卿大夫同玄冕此云再命受服明據玄冕也云列國之大夫再命者亦據典命公侯伯之大夫同再命而知云於子男爲卿者亦據典命而言也云卿大夫自玄冕而下如孤之服者此亦據司服之文案玉藻注云諸侯之臣皆分爲三等其妻以次受此服則公之有孤之國孤絺冕卿大夫同玄冕若無孤之國則公侯伯子男卿絺冕大夫玄冕士皆爵弁若然此注云於子男爲卿卿當絺冕矣鄭云卿大夫自玄冕而下如孤之服者據司服之成文而言也云王之中士亦再命者上文已差訖云士則爵弁服者凡

言士者無問天子士諸侯士例皆爵弁以助祭也若然司
服不見爵弁者以其王吉服有九自公已下轉相如其爵
弁於天子諸侯非吉所用故不言案士冠禮皆有爵弁服
是士之助祭服故士以爵弁爲正也案先鄭觧此九儀皆
先言王臣後鄭皆諸侯爲首以王臣亦之者後鄭見上云
正邦國之位故以諸侯爲首後以王臣亦之得其理也

三命受位 注鄭司農云受下大夫之位玄謂此列國之卿始有列位於王爲王之臣也王之上士亦

三命 釋曰先鄭云受下大夫之位先鄭意以上士二命
下大夫三命上大夫四命案王制云次國之下卿位當大
國之上大夫小國之下卿位當大國之下大夫則諸侯之
五大夫有上下案序官有中大夫下大夫則中大夫亦得
名爲上大夫矣故先鄭以下大夫三命上大夫四命即典
命大夫四命者是上大夫也後鄭不從者以侯伯子男名
位不同侯伯猶同七命子男猶同五命況中大夫下大夫
名位既同何嫌不得同命也是以典命唯見大夫四命是

兼之下大夫故不從先鄭也玄謂此列國之卿如有列位於王爲王之臣者諸侯之卿大夫皆得聘天子今於三命乃云始有列位於王爲王之臣者以其再命巳下卑雖得聘天子不得言位于王朝是以據列國之卿而言故曲禮云列國之大夫入天子之國曰某士注引春秋晉士起亦據晉國之卿三命而於天子稱士與天子三命之士同稱士即爲王臣也

四命受器注鄭司農云受祭器爲上大夫玄謂此公之孤始得有祭器者也禮運曰大夫具官祭器不假聲樂皆具非禮也王之下大夫亦四命

釋曰先鄭云受祭器爲上大夫上巳破訖玄謂此公之孤始得有祭器者也者曲禮云大夫有田者先爲祭服後爲祭器則儀禮少牢用成牲皆是有地大夫則自得造祭器今云公之孤四命始得有祭器者但未四命巳前有地大夫雖得造祭器祭器未具猶假之使足至四命即具有言始有祭器者據始得具祭器而言引禮運者證未四命巳前祭器須假之意云王之下大夫亦四命者約典命

文五命賜則注鄭司農云則者法也出爲子男之謂則地未成國之名王之下大夫四命出封加一等五命賜之以方百里二百里之地者方三百里以上爲成國王莽時以二十五成爲則方五十里合今俗說子男之地獨劉子駿等識古有此制焉　釋曰先鄭云出爲子男者司農據典命而言之謂則地未成國之名者對下文七命賜國是成國此五命子男言則是未成國但成國之賦有三若以出軍言之春秋襄公傳云成國不過半天子之軍謂據公五百里而言以其侯伯爲次國二軍故也若以執圭爲成國而言可及伯即下經七命賜國者是也若以千乘爲成國言之唯公及侯以其伯三百里不得出千乘故鄭注論語云公侯之封乃能容之是也王之下大夫四命出封加一等五命亦是典命文云賜之百里二百里之地者大司徒職文云方三百里以上爲成國者此據下文七命賜國而言也云王莽時以二十五成爲則者此舉後代以況義二十五成與夏殷五十里國亦與周時百

里二百里之國同名則故云則方五十里云合今俗説子男之地者時有孟子張包周及何休等並不信周禮有五百里已下之國以王制百里七十里五十里等爲周法故鄭指此等人爲俗説也云獨劉子駿等識古有此制焉者言劉子駿等則有馬融鄭司農及杜子春等皆信周禮有五百里已下之國周公大平制禮所定法故云識古有此制也引此諸文者證時有解則爲五十里者故也

六命賜官注鄭司農云子男入爲卿治一官也

玄謂此王六命之卿賜官者使得自置其臣治家邑如諸侯春秋襄十八年冬晉侯以諸侯圍齊荀偃爲君禱河既陳齊侯之罪而曰曾臣彪將率諸侯以討焉其官臣偃實先後之　釋曰先鄭云子男入爲卿治一官此後鄭不從者案典命唯有出封加一等無入加之文則出有加入無加今以子男五命入加一等爲王朝六命卿於理不可且凡此上下文所言賜受者皆是自外之事今言賜官則是此六命之人使已有之今以賜官爲賜當身治一官亦不

可故後鄭皆不從也先鄭之義出加入亦加若毛君之義
出加入減故晉詩云豈曰無衣六兮毛傳云天子之卿六
命車旗衣服以六爲節是出加入減也後鄭不從者諸侯
入爲王卿大夫其尊如故以爲榮何得入則減之乎指如
鄭武公桓公並入爲王之司徒詩人美之若減何美之有
乎明入不減鄭君之義出加入不減依於在國若言六兮
者以晉侯入爲王卿謙不敢必當七命之服故云六兮耳
㝎謂此六命之卿賜官者使得自置其臣治家邑如諸侯
者案載師有小都大都大都謂三公王子母弟所食邑小
都王之卿六命所食邑如此六命已上賜之官使得自置
其臣治家邑如諸侯此則大宰云施則於都鄙建其長立
其兩已下是三公王子母弟得立官如畿外諸侯但少一
卿不足於諸侯而已言家邑雖與大夫家邑同名此則大
都小都也卿大夫稱家故言家邑以表大小都耳引春秋
者證諸侯以臣爲官故荀偃自於晉侯稱官畿內諸侯臣
亦稱官此經是也荀偃對河神故稱其君名諸侯於外事

皆稱曾臣言先後者先後謂七命賜國注王之卿六命
左右謂負優左右晉侯也　出封加一等者
鄭司農云出就侯伯之國　釋曰此後鄭先鄭所云皆據
與命而言以其王之卿六命出封加一等即七命是侯伯
之國　八命作牧注謂侯伯有功德者加命得專征伐於
者也　諸侯鄭司農云一州之牧王之三公亦
八命　釋曰案曲禮云牧於外曰侯是牧本爵稱侯矣一
州二百一十國選賢侯爲牧今鄭兼言伯者教用侯伯不
定其牧若有賢侯則用侯若無賢侯則用伯可也故鄭兼
言伯其牧下二伯亦或用侯或用伯故詩旄丘責衞伯鄭
云衞康叔之封爵稱侯今日伯時爲州伯是牧下二伯亦
用侯也云加命得專征伐於諸侯者侯伯七命今云八命
作牧明是侯伯加命也云得專征伐者案王制云諸侯賜
弓矢然後專征伐並據州牧而言以其弓矢之賜州内有
臣殺君子殺父不請於天子得專征伐之先鄭云一州之
牧牧養也即大宰一曰牧以地得民是也云王之三公亦

八命典命文九命作伯注上公有功德者加命為二伯得征五侯九伯者鄭司農云長諸侯為方伯釋曰典命云王之三公八命是上公矣今云九命明有功德加一命為二伯也二伯之文出於曲禮案曲禮云王官之長曰伯是職方鄭引公羊傳云自陝以東周公主之自陝以西召公主之是東西二伯也云得征五侯九伯者僖公四年左氏傳云昔召康公命我先君大公曰五侯九伯汝實征之以夾輔周室賈服之等諸侯九州之伯若然與天子何殊而為夾輔乎故鄭以為五侯者九州有九牧牧即侯但二伯共分各得四侯半侯不可分故二伯皆言五侯也言九伯者九州有十八伯各得九伯故云九伯也此二伯其有違逆者各征半天下故云五侯九伯汝實征之也引之者證二伯尊得征半天下之事也先鄭云長諸侯為方伯者公羊傳云上無明天子下無賢方伯方伯可及州牧并二伯故云方伯伯長也是一方之長也

以玉作六瑞以等邦國

注等猶齊等也　釋曰此經與下爲揔目有此王之鎮圭而言邦國者以邦國爲主也言等猶齊等者案禮記雜記贊大行云博三寸厚半寸剡上左右各寸半其長短即玉人所云皆依命數是其圭法也旣命諸侯當齊等之使不違法也

王執鎮圭　注鎮安也所以安四方鎮圭者蓋以四鎮之山爲瑑飾圭長尺有二寸

釋曰此鎮圭王祭祀時所執故典瑞云王晉大圭執鎮圭繅藉五采五就以朝日則餘祭祀亦執之云鎮安也所以安四方者以職方九州州有一大山以爲其州之鎮此鎮圭亦所以鎮安四方也云鎮圭者蓋以四鎮之山爲瑑飾者以其諸侯圭皆以類爲瑑飾此字爲四鎮之字明以四鎮之山爲瑑飾也無正文故云蓋以疑之四鎮者謂楊州之會稽青州之沂山幽州之醫無閭冀州之霍山是也云圭長尺二寸者案玉人云鎮圭尺有二寸天子守之是也

公執桓圭　注公二王之後及王之上公雙植謂之桓桓宮室之象所以安其上也桓圭蓋亦以

桓爲瑑飾圭長九寸　釋曰此所執謂朝時窽聘禮禮記
及典瑞所云者是巳下皆據朝時也云公二王之後者案
孝經援神契云二王之後稱公大國稱侯皆千乘是二王
後稱公云及王之上公者典命上公之禮及此上之九命
作伯皆是王之上公也云雙植謂之桓者桓謂若屋之桓
楹案檀弓云三家視桓楹彼注四植謂之桓者彼據柱之
豎者而言桓若豎之則有四稜故云四植植即稜也此於
圭上而言下二稜著圭不見唯有上二稜故以雙言之也
云桓宮室之象所以安其上也者以其宮室在上須得桓
楹乃安若天子在上須諸侯衛守乃安故云安其上也云
桓圭蓋亦以桓爲瑑飾者以無正文故亦云蓋也
云圭長九寸者案玉人云桓圭九寸公守之是也　侯執

信圭伯執躬圭　注信當爲身聲之誤也身圭躬圭蓋皆象以人形爲瑑飾文有麤縟耳欲
其慎行以保身圭皆長七寸　釋曰鄭必破信爲身者古
者舒申字皆爲信故此人身字亦誤爲信故鄭云聲之誤

也云身圭躬圭蓋皆象以人形爲瑑飾者以其字當身躬
故鄭還以人形解之云文有麤縟耳者縟細也以其皆以
人形爲飾若不麤縟爲異則身躬何殊而別之故知文有
麤縟爲別也云欲其慎行以保身者此鄭約上下圭爲義
旣以人身爲飾義當慎行保身也云圭皆七寸
者案玉人云信圭躬圭七寸侯伯守之是也　子執穀
璧男執蒲璧　注穀所以養人蒲爲席所以安人二玉
蓋或以穀爲飾或以蒲爲瑑飾璧皆徑
五寸不執圭者未成國也　釋曰穀所以養人蒲爲席所
以安人二玉蓋或以穀爲飾或以蒲爲瑑飾者此亦無正
文故亦言蓋以疑之言或者非疑以其二玉用物不同故
云或耳云璧皆徑五寸者案玉人爛脫大行人有五寸之
文也云不執圭者未成國也者
據上文五命賜則是未成國也　以禽作六摯以等諸
臣　注摯之言至所執以自致　釋曰此亦與下爲總目案
下文有孤執皮帛而此云以禽者據羔已下以多爲主

也案莊公傳男贄大者玉帛小者禽鳥尚書五玉亦云贄
則玉亦是贄此上下文玉爲瑞禽云摯者此以相對爲文
故玉以下言端天子受瑞於天諸侯受瑞於天子諸臣無
此義故以摯爲文鄭云摯之言至執之以自致者案士相
見新升爲士皆執摯乃相見卿大夫亦然至於五等諸侯
朝聘天子及相朝聘皆執摯以自致乃得見主人故以至
解摯

孤執皮帛卿執羔大夫執鴈士執雉庶人
執鶩工商執雞 注皮帛者束帛而表以皮爲之飾皮
虎豹皮帛如今辟色繒也羔小羊取
其羣而不失其類鴈取其候時而行雉取其守介而死不
失其節鶩取其不飛遷雞取其守時而動曲禮曰飾羔鴈
者以繢謂衣之以布而又畫之者自雉以下執之無飾上
相見之禮卿大夫飾摯以布不言繢此諸侯之臣與天子
之臣異也然則天子之孤飾摯以虎皮公之孤飾摯以豹
皮與此孤卿大夫士之摯皆以爵不以命數凡摯無庭實

釋曰凡此所執天子之臣尊諸侯之臣卑雖尊卑不同命數有異爵同則摯同此文雖以天子之臣爲主文兼諸侯之臣是以士相見卿大夫士所執亦與此同但飾有異耳鄭云皮帛者束帛而表以皮爲之飾者案聘禮束帛加璧又云束帛乘馬故知此帛亦束束者十端每端丈八尺皆兩端合卷揔爲五匹故云束帛也言表以皮爲之飾者凡以皮配物者皆手執帛以致命而皮設於地謂若小行人圭以馬璋以皮皮馬設於庭而圭璋特達以升堂致命也此言以皮爲之飾者孤相見之時以皮設於庭手執束帛而授之但皮與帛爲飾耳云皮虎豹皮知者見禮記郊特牲云虎豹之皮示服猛且皮中之貴者勿過虎豹故知皮是虎豹皮也云帛如今璧色繒也者但玉有五色而言璧色繒蓋漢時有璧色繒故鄭舉以言之故云如今璧色繒其璧色繒未知色之所定也云羔小羊取其羣而不失其類者凡羊與羔皆隨羣而不獨故卿亦象焉而不失其類也云鴈取其候時而行者其鴈以北方爲居但隨陽南比

木落南翔冰泮北徂其大夫亦當隨君無背云雉取其守
介而死不失其節者但雉性耿介不可生服其士執之亦
當如雉耿介爲君致死不失節操也云鶩取其不飛遷者
庶人府史胥徒新升之時執鶩鶩即今之鴨是鶩旣不飛
遷執之者象庶人安土重遷也云雞取其守時而動者但
工或爲君興其巧作商或爲君興販來去故執雞象其守
時而動云曲禮曰飾羔鴈者以繢謂衣之以布而又畫之
者鄭意以經所執天子之臣與諸侯之臣同欲見飾之有
異耳云自雉以下執之無飾者欲見天子士諸侯士同皆
無布飾以其士卑故不異又引士相見已下者欲以天子
諸侯卿大夫飾摯者異明天子孤諸侯孤皮帛不同此約
卿大夫以明孤無正文故言與以疑之也云此孤卿大夫
士之摯皆以爵不以命數者但天子孤卿六命大夫四命
上士三命中士再命下士一命諸侯孤四命公侯伯卿三
命大夫再命士一命子男卿再命大夫一命士不命但爵
稱孤皆執皮帛爵稱卿皆執羔爵稱大夫皆執鴈爵稱士

皆執雉庶人已下雖無命數及爵皆執鶩天子諸侯下皆同故云皆以爵不以命數也云凡摯無庭實者案士相見皆不見有庭實對享私覿私面之等有庭實故此言無也

周禮疏卷第十九

周禮疏卷第二十

唐朝散大夫行大學博士弘文館學士臣賈公彥等撰

以玉作六器以禮天地四方 注禮謂始告神時薦於神坐書曰周公植璧秉圭是也 釋曰言作六器者此據禮神則曰器上文人執則曰瑞對此文義爾若通而言之禮神雖不得言瑞人執者亦曰器故聘禮云圭璋璧琮凡四器者唯其所寶以聘可也尚書亦以五瑞爲五器卒乃復是其人執亦曰器也云禮謂始告神時薦於神坐者此以玉禮神在作樂云作後故鄭注大司樂云先奏是樂以致其神禮之以玉而祼焉是其以玉禮神與宗廟祼同節若然祭天當實柴之節也書曰周公植璧秉圭是也者此金縢文彼以周公請天代武王死之説爲三壇同墠又爲壇於南方周公於前也焉告大王王季文王故植璧於三王之坐手秉桓圭引之

者謂植璧於神坐之側事也以蒼璧禮天以黃琮禮地以青圭

禮東方以赤璋禮南方以白琥禮西方以玄璜

禮北方注此禮天以冬至謂天皇大帝在北極者也禮地以夏至謂神在崐崘者也禮東方以立春爲蒼精之帝而大昊句芒食焉禮南方以立夏謂赤精之帝而炎帝祝融食焉禮西方以立秋謂白精之帝而少昊蓐收食焉禮北方以立冬謂黑精之帝而顓頊玄冥食焉禮神者必象其類璧圜象天琮八方象地圭銳象春物初生半圭曰璋象夏物半死琥猛象秋嚴半璧曰璜象冬閉藏地上無物唯天半見

釋曰云此禮天以冬至謂天皇大帝在北極者也者青圭已下有五天明此蒼璧禮天者是冬至祭圜丘者案大司樂云以雷鼓雷鼗雲門之舞冬日至於地上之圜丘奏之若樂六變則天神皆降是也云禮地以夏至謂神在崐崘者也者崐崘與昊天相對蒼璧禮昊天

天明黃琮禮崐崘大地可知故大司樂云以靈鼓靈鼗夏
日至於澤中之方丘奏之若樂八變則地示皆出是也故
鄭彼云天神則主北辰地示則主崐崘是即與此同也云
禮東方以立春謂蒼精之帝者此已下皆據月令四時迎
氣皆在四立之日故以立春立夏立秋立冬言之也知皆
配以人帝人神者亦據月令四時十二月皆陳人帝人神
彼止爲告朔於明堂及四時迎氣配天帝而言告朔於明
堂告五人帝告五人神配以文王武王必知迎氣亦有五
人帝五人神者以其告朔入明堂至秋揔享五帝於明堂
皆以五人帝五人神配天若然迎氣在四郊還是迎五天
帝明知五人帝五人神亦配祭可知以其自外至者無主
不止故皆以人帝人神爲配也言蒼精赤精白精黑精者
皆據春秋緯運斗樞云大微宮有五帝坐星文耀鉤亦云
靈威仰之等而說也云禮神者必象其類者即璧圜已下
是象其類也案爾雅云肉倍好謂之璧好倍肉謂之環肉
好若一謂之瑗是璧圜也云琮八方象地者天圜以對地

方地有四方是八方也云圭銳象春物初生者雜記贊大行云圭剡上左右各寸半是圭銳也云半圭曰璋者案典瑞云四圭有邸以祀天兩圭有邸以祀地兩圭半四圭又云圭璧以祀日月是一圭半兩圭又云璋邸射以祀山川是璋又半一圭故云半圭曰璋公羊傳亦云寶者何璋判白亦半圭曰璋云象夏物半死者夏時薺麥死是半死云琥猛象秋嚴者謂以玉爲琥形猛屬西方是象秋嚴也云半璧曰璜者逸禮記文似半圭曰璋也云冬閉藏地上無物唯天半見者列宿爲天文草木爲地文冬時草木枯落唯天上列宿仍在故云唯天半見故用半璧曰璜也此六玉所用則上璧下琮案覲禮加方明東方圭南方璋西方琥北方璜與此同唯上圭下璧與此違者鄭彼注云上宜以蒼璧下宜以黃琮而不以者則上下之神非天也之至貴者也彼上下之神是日月扶陳玉与此不同也此經神不見中央含樞紐者此四時迎氣皆在四郊小宗伯云兆五帝於四郊鄭注云黃帝亦於郊鄭是也易云天玄而地

黃令地用黃琮依地色而天用

玄者蒼玄皆是天色故用蒼也 皆有牲幣各放其器

之色 釋曰言皆則上六王所禮者皆有牲與幣也言各放

其器之色則上蒼璧等六器所有牲幣各放此器之

色 注 幣以從爵若人飲酒有酬幣 釋曰知幣是從爵非

禮神者若是禮神當在牲上以其禮神幣與玉俱設

若肆師云立大祀用玉帛牲牷是帛在牲上今在下明非

禮神者也云若人飲酒有酬幣者獻尸從爵之幣無文故

以生人飲酒之禮況之案聘禮饗時有酬幣明此幣

既非禮神之幣則獻尸後酬尸時亦有幣之從爵也 以天

產作陰德以中禮防之以地產作陽德以和樂

防之 注鄭司農云陰德謂男女之情天性生而自然者過

時則奔隨先時則血氣未定聖人爲制其中令民三

十而娶女二十而嫁以防其淫泆令無失德情性隱而不

露故謂之陰德陽德謂分地利以致富富者之失不驕奢

則吝嗇故以和樂防之樂所以滌蕩邪穢道人之正性者
也一說地產謂土地之性各異若齊性舒緩楚性急悍則
以和樂防其失令無失德樂所以移風易俗者也此皆露
見於外故謂之陽德陽德陰德不失其正則民和而物各
得其理故曰以諧萬民以致百物玄謂天產者動物謂六
牲之屬地產者殖物謂九穀之屬陰德陰氣在人者陰氣
虛純之則劣故食動物作之使動過則傷性制中禮以節
之陽德陽氣在人者陽氣盈純之則躁故食殖物作之使
靜過則傷性制和樂以節之如是然後陰陽平情性和而
能育其類　釋曰天產地產與陰德陽德無正文故先鄭
後鄭各以意解之不從先鄭天產是天生自然者以其天
產地產相對產生也天生謂陰陽配合而生不由人之營
造當是六牲地生謂由人營種即植物九穀之屬是也故
天產地產皆不從先鄭也其陰德陽德後鄭又不從先鄭
者但言德者謂在身為德今先鄭以陽德為分地利以致
富以身外辭之與陰德為不露見自相違即知陰德為男

女之情亦非故後鄭皆據人身陰陽之氣解之先鄭一說地產謂土地之性此訢地產與天產天性而自然何異故後鄭亦不從也先鄭又云故曰以諧萬民以致百物者取下文釋此也玄謂天產者動物謂六牲之屬者馬牛羊豕犬雞並自然陰陽配合而生故謂之天產然萬物蠢動者皆自然配合獨言六牲者但以此經云以天產作陰德據人所膳食作動身中陰德故據六牲而言也云地產者殖物謂九穀之屬者九穀並是人所種植故云植物然草木皆地產今獨言九穀亦據此經云作陽德謂食之作動人身中陽德故據九穀而言也云陰德陰氣在人者陰氣虛純之則劣故食動物作之使動者以其陰主消物是虛純虛則劣動物是陽故須食動物六牲作之使動也云過則傷性制中禮以節之者過謂氣大過大過則傷性傷性則奢泰僭濫故制中禮以防之禮言中者凡人奢則僭上儉則逼下禮所以制中使不奢不逼故以禮爲中也云陽德陽氣在人者陽氣盈純之則躁故食殖物作之使靜者案

禮記玉藻云顯實陽休是陽主盈滿故云陽氣盈純之則躁者陽氣主動不兼陰氣純之則躁故食殖物作之使靜知植物爲陰者見聘禮致饔餼醯在碑東醢在碑西醯是穀之所爲是穀物爲陽之義也而此云植物陰者此以動植相對故動爲陽植爲陰彼以醯醢相對故醯爲陽醢爲陰也云過則傷性者謂大靜爲傷性樂爲陽故制和樂以節之陽氣盈案樂記云樂盈而反以反爲文故樂能損盈陰氣虛樂記云禮減而進以進爲文故禮能濟虛云如是然後陰陽平情性和者謂陰氣虛濟之使盈陽氣盈損之使虛故云陰陽平情性和也云而能育其類者即下文合天地之化已下是也

以禮樂合天地之化百物之產以事鬼神以諧萬民以致百物

釋曰上文云中禮和樂是礼樂教世法故此經以礼樂並行以教使之得所萬物感化則能合天地之化謂能生非類也又能生其種故云百物之產又以禮樂事鬼神則尚

書云祖考來格之等是也云以諧萬民者則尚書云庶尹
允諧是也云以致百物者則尚書云百獸率舞之等是也
注禮濟虛樂損盈並行則四者乃得其和能生非類曰化
生其種曰產　釋曰禮濟虛樂損盈此樂記所云禮減
而進以進爲文者是禮濟虛進謂濟益是禮當濟益其虛
使之實滿又云樂盈而反以反爲文者是樂損盈反謂自
抑止是樂當自抑止使盈而不放溢也云並行則四者乃
得其和者言並行謂禮樂並行以教世則天地之間使不
盈不虛折中得所則四者乃得其和也言四者謂天地之
化百物之產共爲一以事鬼神爲二以諧萬民爲三以致
百物爲四也知化產共爲一者以其化與產氣類相似故
爲一也云能生非類曰化者凡言變化者變化相將先變
後化故中庸云動則變變則化鄭云動動人心也變改惡
爲善也變之久則化而性善也又與鳩化爲鷹之等皆謂
身在而心化若田鼠化爲鴽雀雉化爲蛤蜃之等皆據身
亦化故云能生非類曰化也易云乾道變化亦是先變後

化變化相將之義也云生其種曰產者卵
生胎生及萬物草木但如本者皆曰產也凡祀大神享
大鬼祭大示帥執事而卜日宿眂滌濯涖玉鬯
省牲鑊奉玉齍詔大號治其大禮詔相王之大
禮釋曰此亦法三才故享大鬼在其中帥執事而卜日者謂
祭三者鬼神之時祭前十日大宗伯先帥執事有事於祭
者共卜取吉日乃齊云宿眂滌濯者謂祭前一宿視所滌濯
祭器看絜淨以否云涖玉鬯者天地有禮神之玉無鬱鬯
宗廟無禮神之玉而有鬱鬯但宗廟雖無禮神玉仍有圭瓚
璋瓚亦是玉故曲禮云玉曰嘉玉郊特牲云用玉氣是也云
省牲鑊者當省視烹牲之鑊云奉玉齍者此玉還是上文所
涖者齍謂黍稷天地當盛以瓦簋但齍與上鬯互見爲義皆
始時臨之祭又奉之詔大號者謂大宗伯告大祝出祝辭也
云治其大禮者謂天地人之鬼神祭禮王親行之爲大禮對下

小宗伯治小禮爲小也詔相王之大禮者執事諸有事
謂未至之時詔告之及其行事則又相之注於祭者宿申
戒也滌濯漑祭器也玉禮神之玉也始涖之祭又奉之鑊
亨牲器也大號六號之大者以詔大祝以爲祝辭治猶簡
習也豫簡習大禮至祭當以詔相王羣臣禮爲小禮故書
涖作立鄭司農讀爲涖涖視也　釋曰案大宰云祀五帝
前期十日帥執事而卜日注云執事宗伯大卜之屬此注
云執事諸有事於祭者二注不同者以其大宰不掌祭事
故云執事大宗伯大卜之等卜日而已此大宗伯主祭祀
之事故揔諸有事於祭者也云滌濯漑祭器也者此滌濯
止是蕩滌以少牢有摡祭器故據而言之摡即拭也云玉
禮神之玉也者即蒼璧黃琮青圭赤璋之等及四圭兩圭
之類皆是禮神置於神坐也案九嬪職云贊玉齍注云玉
齍玉敦盛黍稷與此注玉爲禮神之玉齍即非玉敦所飾
注不同者彼九嬪所贊贊后設之據宗廟宗廟無禮神玉
則玉齍不得別解故爲玉敦此據天地爲主有禮神玉故

與齍別釋也大宰云祀五帝贊玉幣爵之事注云三者執以從王至而授之彼所執據五帝此所奉據昊天與崐崘故不同云始涖之祭又奉之者鄭據上云涖涖臨視也直視看而已下云奉據手執授王故云祭又奉之云鑊亨牲器也者案特牲少牢鑊即爨在廟門之外東壁也云大號六號之大者謂若大祝云辨六號一曰神號二曰示號三曰鬼號四曰牲號五曰齍號六曰幣號之等是六號之大者也云以詔大祝以爲祝辭者經云詔大號大祝是事神之人又辨大號故知所詔是詔大祝爲祝辭祝辭則祝版之辭是也云羣臣禮爲小禮者則小宗伯小祝行者是也

若王不與祭祀則攝位 注王有故代行其祭事 釋曰攝訓爲代有故者謂王有疾及哀慘皆是也量人云凡宰祭與鬱人受嘏歷而皆飲之注云言宰祭者冢宰佐王祭亦容攝祭此宗伯又攝者冢宰貳王治事宗伯主祭事容二官俱攝故兩言之

凡大祭祀王后不與則

攝而薦豆籩徹注薦徹豆籩王后之事 釋曰天地及社稷外神等后夫人不與此言凡大祭祀王后不與謂后應與而不與又云大祭祀明非羣小祀則大祀者唯宗廟而已則攝而薦豆籩徹者鄭云薦徹豆籩王后之事是王后有故宗伯攝爲之凡祭祀皆先薦後徹故退徹文在下也大賓客則攝而載果 釋曰此大賓客對文則賓客異散文則通故太司徒云大賓客令野脩道委積是賓客爲諸侯通也大行人云大賓爲五等諸侯大客即謂其臣是賓客異也案大行人云上公之禮再祼而酢此再祼者有后祼則亦攝爲之内宰贊之侯伯一祼而酢子男一祼不酢此皆無后祼王不親酌則皆使大宰宗伯攝而爲之

注載爲也果讀爲祼代王祼賓客以鬯君無酌臣之禮言爲者攝酌獻耳拜送則王也鄭司農云王不親爲主

釋曰知代王祼賓客以鬯者見鬱人宗廟及賓客皆以鬱實彝而陳之即大行人所云祼與此祼皆用鬱鬯也云君

無酬臣之禮者見燕禮大射諸侯禮皆使大夫爲賓宰夫爲主人是諸侯君不酬臣此大賓客遣大宗伯代祼是天子君亦不酬臣也云言爲者攝酬獻耳拜送則王者以其言代而爲祼即是直祼不拜案鄉飲酒燕禮大射賓主獻酢皆拜送其送是王自爲之以其恭敬之事不可使人故也引司農在下者不親爲主即君不酬臣義合故引之在下也

朝覲會同則爲上相大喪亦如之王哭諸侯亦如之

釋曰朝覲會同即兼四時朝覲云則爲上相者此則大行人云上公之禮擯者五人侯伯四人子男三人是也云大喪亦如之者后及世子喪王爲此主哭及拜賓則宗伯亦爲上相也云哭諸侯亦如之者謂諸侯薨於本國赴告天子天子爲位哭

注相詔王禮也出接賓曰擯入詔禮曰相相之大宗伯亦爲上相與王爲擯耳

者五人卿爲上擯大喪王后及世子也哭諸侯者謂薨於國爲位而哭之檀弓曰天子之哭諸侯也爵弁絰紂衣

釋曰云相詔王禮也者經三事爲相皆是詔告王禮也云
出接賓曰擯者據大行人云擯者五人四人三人而言也
云入詔禮曰相者此據司儀云每門止一相及廟唯上相
入是入廟詔禮曰相此對文義爾通而言之出入皆稱擯
也云相者五人卿爲上擯者依大行人據上公而言此大
宗伯爲上擯若大朝覲則肆師爲承擯四時來朝小行人
爲承擯案覲禮嗇夫爲末擯若待子男則三人足矣若侯
伯四人者加一士上公五人者加二士今鄭云相者五人
卿爲上擯據此大宗伯是卿故指此上擯而言也云大喪
王后及世子也者以其與王爲上相則王在矣而云大喪
明是王后及世子矣亦得見大喪所前或嗣王則大喪中
兼王喪也云哭諸侯者謂薨於國爲位而哭之者若來朝
薨於王國則王爲之緦麻不應直哭之而已故引檀弓云
天子之哭諸侯也爵弁經紂衣案彼注云麻不加於采經
衍字以其遥哭諸侯著爵弁紂衣而
已不合加麻經於紂衣爵弁之上也 **王命諸侯則儐**

注儐進之也王將出命假祖廟立依前南鄉儐者進當命
者延之命使登內史由王右以策命之降再拜稽首登受
策以出此其略也諸侯爵祿其臣則於祭焉　釋曰云儐
進之也者以命諸侯故知儐謂進使前以受策也云王將
出命假祖廟者若諸侯命臣則因祭宗廟命之則祭統十
倫之義五日見爵賞之施焉故祭之日一獻君降立于阼
階之南南鄉所命者再拜受書以歸又云古者於禘也發
爵賜服順陽義皆諸侯命臣必於祭時若天子命臣不要
在祭時欲命臣當特爲祭以命之故洛誥成王命周公後
云烝祭歲文王騂牛一武王騂牛一王命作策逸祝策惟
告周公其後注云告神周公宜立後謂封伯禽是非時而
特假祖廟故文武各特牛也云立依前南鄉者此案司几
筵云大朝覲大饗射凡封國命諸侯王位設黼依依前南
鄉是立依前南鄉之事也云儐者進當命者延之命使登
內史由王右以策命之降再拜稽首登受策以出者史由
王右以策命之者此案覲禮天子使公與史就館賜侯氏

命服時史由公右執策命之又案祭統云祭之日一獻君降立於阼階之南南鄉所命北面史由君右執策命之再拜稽首受書以歸天子無降立之事其餘則同命諸侯之史當王右以策命之云降再拜稽首登受以出約僖二十八年王命晉侯之事案彼傳云王命內史叔興父策命晉侯爲侯伯當時晉侯降再拜稽首登受策以出據彼文也云此其略也者但命諸侯其時威儀更有委曲今所言不盡故云略也云諸侯爵祿其臣則於祭焉者祭統所云者是也

國有大故則旅上帝及四望　注故謂凶烖旅陳也陳其祭事以祈焉禮不如祀之備也上帝五帝也鄭司農云四望日月星海玄謂四望五嶽四鎮四瀆　釋曰此旅是祈禱之名是以知是凶烖凶謂年穀不熟烖謂水火也云旅陳也陳其祭事以祈焉禮不如祀之備者但祈謂祈請求福得福乃祠賽之祠賽則備而與正祭同故知禮不如祀之備也云上帝五帝也者案禮器云祀帝於郊而風雨寒暑時風雨寒暑

非一帝之所能爲此祈請亦是求風雨寒暑時非一帝故知是五帝也鄭司農云四望日月星海後鄭不從者禮無祭海之文又山川稱望故尚書云望秩于山川是也玄謂四望五嶽四鎮四瀆知者祭山川既稱望案大司樂有四鎮五嶽崩四瀆又與五嶽相配故知四望中有此三者言四望者不可一往就祭當四向望而爲壇遥祭之故云四望也

王大封則先告后土注后土土神也黎所食者

釋曰大封謂若典命公八命卿六命大夫四命其出封皆加一等是其大封之事對封公卿大夫爲采邑者爲小封云則先告后土者封是土地之事故先以禮告后土神然後封之也注云后土土神也黎所食者言后土有二若五行之官東方木官句芒中央土官后土此等后土土官也黎爲祝融兼后土故云黎所食者若左氏傳云君戴皇天而履后土彼爲后土神與此后土同也若句龍生爲后土官死配社即以社爲后土其實社是五土揔神非后土但以后土配社食世人因名社

爲后土耳此注本無言后土社寫者見孝經及諸文注多
言社后土因寫此云后土社故鄭荅趙商云句龍本后土
後遷爲社王大封先告后土玄云后土土神不言后土社
也鄭又荅田瓊云后土古之官名死爲社而祭之故曰后
土社句龍爲土官後轉爲社世人謂爲后土無可怪此中
后土不得爲社者聖人太平制禮豈得以世人之言著大
典明后土土神不得爲社也

乃頒祀于邦國都家鄉邑　注頒讀爲班班
其所當祀及其禮都家之鄉邑謂王子弟及公卿大夫所
食采地　釋曰云頒讀爲班者鄭於周禮所有頒皆讀爲
班班謂布也云班其所當祀及其禮者但名位不同禮亦
異數既班其祀明亦班禮與之故連言禮也班禮謂若諸
侯不得祭天地唯祭社稷宗廟五祀之等二王後與魯唯
祭天仍不得祭地大都亦與外諸侯同其禮者若獻口上
公九侯伯七子男五皆大宰之屬是也其小都與家則依
卿大夫之獻亦大牢也云都家之鄉邑謂王子弟以下者

鄭恐經鄉邑六鄉六遂非都家之內鄉邑故以明之謂都家之內鄉邑耳其都家之內鄉邑未必一如六鄉六遂家數但采邑之內亦有二十五家爲里以上以相統領故一成之內得有革車一乘士十人徒二十人發兵及出稅之法即謂之鄉邑也謂王子弟者以親疎分於大都小都家邑三處食采地言及公卿大夫采地者謂若載師職公大都卿小都大夫家邑也

小宗伯之職掌建國之神位右社稷左宗廟　釋曰建立也言立邦之神位者從內向外故據國中神位而言對下經在四郊等爲外神也言右社稷左宗廟者案匠人亦云左宗廟右社稷彼掌其營作此掌其成事位次耳案禮記祭義注云周尚左又案桓公二年取郜大鼎納於大廟何休云質家右宗廟尚親親文家右社稷尚尊尊若然周人右社稷者地道尊右故社稷在右是尚尊尊之義此

據外神在國中者社稷爲尊故鄭注郊特牲云國中神莫貴大於社祭義注周尚左者據內神而言若據衣服尊卑先王袞冕先公鷩冕亦貴於社稷故注庫門內雉門外之左云周尚左各有所對故注不同也

注 右故書位作立鄭司農立讀爲位古者立位同字古文春秋經公即位爲公即立

釋曰鄭知庫門內雉門外者後鄭義以雉門爲中門周人外宗廟故知雉門外庫門內之左右也先鄭云古者立位同字者是古者假借字同也云古文春秋者藝文志云春秋古經十二卷是此古文經所藏之書文帝除挾書之律此本然後行於世故稱古文

兆五帝於四郊四望四類亦如之

釋曰自此以下云外神從尊至卑故先云五帝此不云大帝者此文上下唯論在四郊以對國中右社稷左宗廟其大帝與崐崘自相對而在四郊之內有自然之圓丘及澤中之方丘以其不在四郊故不言也

注 兆爲壇之營域五帝蒼曰靈威仰大昊食焉赤曰赤熛怒炎帝食焉

黃曰含樞紐黃帝食焉白曰白招拒少昊食焉黑曰汁光紀顓頊食焉黃帝亦於南郊鄭司農云四望道氣出入四類三皇五帝九皇六十四民咸祀之玄謂四望五嶽四鎮四竇四類日月星辰運行無常以氣類爲之位兆日於東郊兆月與風師於西郊兆司中司命於南郊兆雨師於北郊

釋曰云兆爲壇之營域者案封人云社稷之壝謂壝土爲之即此壇之營域一也不言壇者舉外營域有壇可知云五帝蒼曰靈威仰之等此於大宗伯釋訖但彼據禮神三帶而言此據壇域處所而說故兩處各言之也司農云四望道氣出入者案上注司農以爲日月星海後鄭不從矣今此云道氣出入與上注不同者以無正文故兩注有異若然云道氣出入則非日月星海謂五嶽之等也故後鄭就足之還爲五嶽之屬解之先鄭云四類三皇五帝九皇六十四民咸祀之者案史記云九皇氏没六十四民與六十四民没三皇與彼雖無三王五帝之文先鄭意三皇已祀之明并祭五帝三王可知後鄭不從者以其兆五

帝已下皆據外神大昊句芒等配祭而已今輒特祭人帝於其中非所宜故不從是以取五嶽之屬易之也後鄭注云四類日月星辰者以其言類明以氣類而爲位以祭之故知是日月之等知兆日於東郊者案祭義云大明生於東故覲禮亦云拜日於東郊玉藻又云朝日於東門之外也又知兆月於西郊者月生於西知風師亦於西郊者以其五行金爲暘土爲風風雖屬土秋氣之時萬物燥落由風故風亦於西郊也云兆司中司命於南郊者以其南方盛陽之方司中司命又是陽故司中司命在南郊也云兆雨師於北郊者以其雨是水宜在水位故知雨師在北郊天子四望諸侯三望境内山川案僖三十一年夏四月猶三望服氏云三望分野星國中山川又上文先鄭云四望日月星海後鄭必知望祭中無天神者案哀六年云初楚昭王有疾卜曰河爲祟王弗祭大夫請祭諸郊王曰三代命祀祭不越望江漢睢漳楚之望也爾雅又云梁山晉望又案尚書云望於山川則知望祭中無天神可知若天

神日月之等當入四類之内也若然尚書云望於山川必知四望非山川是五嶽四瀆者以其下云兆山川丘陵之等山川既在下故知此四望是五嶽之屬山川之大者也**兆山川丘陵墳衍各因其方**注順其所在 釋曰案大司徒職地有十等此不言林澤原隰亦順所在可知故略不言也**掌五禮之禁令與其用等**注用等牲器尊卑之差鄭司農云五禮吉凶賓軍嘉 釋曰云用等牲器尊卑之差者謂若天子大夫已上大牢士少牢諸侯之大夫少牢士特牲之等其器謂若少牢四敦特牲二敦士二豆三俎大夫四豆五俎諸侯六豆七俎天子八豆九俎其餘尊罍爵勺及饗食之等各依尊卑之差先鄭云五禮吉凶賓軍嘉者大宗伯職文**辨廟祧之昭穆**釋曰案禮記王制云天子七廟三昭三穆與大祖之廟而七諸侯二昭二穆與大祖之廟而五大夫一昭一穆與大祖之廟而三士一廟案祭法適士二

廟王制不言之者取自上而下降殺以兩故略而不言二
廟者故此總云廟祧之昭穆諸侯無二祧謂始封大祖廟
爲祧故聘禮云不腆先君之祧是大祖爲祧也**注**祧遷主所藏之廟自始祖之後父曰昭子曰穆○釋曰案祭法
注祧之言超超然上去意以其遠廟爲祧故云上去意也
周以文武爲二祧文王第稱穆武王第稱昭當文武後穆
之木主入文王祧昭之木主入武王祧故云遷主所藏之
廟曰祧也云自始祖之後父曰昭子曰穆者周以后稷廟
爲始祖特立廟不毁即從不窋已後爲數不窋父爲昭鞠
子爲穆從此以後皆父爲昭子爲穆至文王十四世文王
第稱穆也

辨吉凶之五服車旗宮室之禁釋曰云吉凶之五服者皆
據人數而云五也又云車旗宮室之禁者謂者典命云國
家宮室車旗衣服禮儀以九以七以五爲節言禁令者謂
五服及車旗宮室皆不得上僭下逼當各依品命爲法**注**服五服王及公卿大夫士之
釋曰案尚書云五服

五章矣鄭注云十二也九也七也五也三也又云予欲觀
古人之象日月星辰注云此十二章天子備有公自山而
下孝經云非先王之法服注云先王制五服日月星辰服
諸侯服山龍云云皆據章數而言今此注五服以為王及
公卿大夫士之服不據章數為五者以其喪服自天子達
於士唯一而已不得數服為五即知吉之五服亦不得數
服故皆據人為五也**掌三族之別以辨親疏其正室皆謂**
之門子掌其政令 釋曰此三族謂父子孫舉本而言推此而往其中則兼九族矣云辨
親疏者據己上至高祖下至玄孫傍至緦麻重服者則親
輕服者則疏也云正室皆謂之門子者還據九族之內但
是適子正體主皆是
正室亦謂之門子 **注** 三族謂父子孫人屬之正名喪服小記曰親親以三為五以五為九
正室適子也將代父當門者也政令謂役守之事 釋曰
云三族謂父子孫者此據己上親父下親孫是父子孫比

即親親以三是也云以三爲五者謂此父子孫之三以父
親祖以子親孫則五也云以五爲九者謂以祖親曾高以
孫親曾玄即是以五爲九也若然不言以五爲十乃云以
五爲九者齊衰三月章云爲曾祖鄭注云服之數盡於五
則高祖宜緦麻曾祖宜小功也據祖期則曾祖宜大功高
祖宜小功也高祖曾祖皆有小功之差則曾孫玄孫爲之
服同也重其衰麻尊尊也減其日月恩殺也以此而言曾
祖高祖服同齊衰三月則爲曾孫玄孫服同緦麻三月以
尊卑服同故經云以五爲九不須言以五爲七也云政令
役守之事者案諸子職云掌國子之倅若有甲兵之事致
於大子惟所用之是其役事案宮伯職云掌士庶子又有
八次八舍宿衛之事是其守之事故揔云政令役守之事
也

毛六牲辨其名物而頒之于五官使共奉之

釋曰言辨其名物者若六牲皆有名若馬牛羊豕犬雞物
色也皆有毛色若宗廟用騂之等云頒之于五官者六卿

應言六宮而云五者以其大宮貳王治事尊而不使奉牲故五官也云使共奉之者謂充人養之至祭日之旦在廟門之前須與五官使共奉之助王牽入廟即祭義所云卿大夫贊幣而從之彼雖諸侯法可況天子也 **注** 毛擇毛也鄭司農云司徒主牛宗伯主雞司馬主馬及羊司寇主犬司空主豕　釋曰先鄭云司徒奉牛已下皆案職知之若大司徒有牛人即云奉牛牲宗伯職有雞人即云共雞牲司馬職有羊人校人掌馬即云共羊牲奉馬牲司寇職有犬人即云奉犬牲是以先鄭依而用焉唯司空職亡先鄭知主豕者五行傳聽之不聰則有豕禍是豕屬北方司空冬官故奉豕牲也

辨六齍之名物與其用使六宮之人共奉之　釋曰六穀云名物者謂六穀各有名其色異故云名物也云與其用者六穀所用若六牲六彝所用不同故須辨之云使六宮之人共奉之者黍稷簠簋是婦人所奉之事故使六宮之人奉之六宮之人謂

若世婦職云女注齍讀爲粢六粢謂六穀黍稷稻粱麥苽
宮之宿戒者也 釋曰讀齍爲粢者爾雅釋草粢稷也粢
字從米以次爲聲其齍字從皿以齊爲聲從皿不如從米
故讀粢也云六粢黍稷稻粱麥苽者約食醫和王六食云
黍稷稻粱麥苽而言 **辨六彝之名物以待果將** 注六彝雞彝鳥彝斝彝黃
彝虎彝蜼彝果讀爲祼 釋曰上二經皆云使共奉之此
及下經不云使共奉之而云以待文不同者上二者官衆
故云使共奉此及下文並是司尊彝一職之事又是春官
當司所主故直云以待也祼言將者將送也謂以圭瓚酌
之送與尸及賓故云將六彝之名出司尊彝也云果讀爲祼
讀爲祼者諸文皆云祼故讀從之其實祼更讀爲灌 **辨六
尊之名物以待祭祀賓客** 釋曰案司尊彝唯爲祭祀陳六彝六尊不見爲
賓客陳六尊此兼言賓客則在廟饗食賓客時陳六尊亦依
祭禮四時所用唯在外野饗不用祭祀之尊故春秋左氏

傳云㦸象不出門也若然案鬱人云掌祼器凡祭祀賓客之祼事則上六彝亦爲祭祀賓客而辨之而不言祭祀賓客者舉下以明上故略而不言 **注** 待者有事則給之鄭司農云六尊犧尊象尊壺尊著尊大尊山尊 釋曰云待者有事則給之者所須則祭祀賓客是也上經六彝亦云以待鄭不言者上經不言祭祀賓客先鄭亦略而不言亦就此以待祭祀賓客而解之先鄭解六尊亦據司尊彝而言也

掌衣服車旗宮室之賞賜 釋曰衣服謂若司服衮冕以下唯有大裘不可以賞賜以其諸侯不合用之是以魯祭天用衮冕則二王後祭天亦不得用大裘也云車旗者謂若巾車金路象路革路木路及夏篆已下亦得依所乘者賜之唯玉路不得賜與大裘同是以魯只郊之大路也 **注** 王以賞賜有功者書曰車服以庸 釋曰引書者尚書舜典文孔云賜以車服旌其能用

掌四時祭祀之序事與其禮 注序事卜日省牲視

滌濯饔爨之事次序之時釋曰云序事十日省牲之等者此以經云掌四時祭祀之序事謂次第先後故取上入宗伯凡祀大神享大鬼祭大祇帥執事而卜日已下之事下亦有省牲已下故取以證序事唯饔爨之言出於特牲即大宗伯云牲鑊一也

若國大貞則奉玉帛以詔號釋曰此國大貞則大卜所云凡國大貞卜大遷之等視高作龜者是也

注號神號幣號鄭司農云大貞謂卜立君卜大封●釋曰此言卜事而云神號者案大祝有神號幣號又案下天府職云季冬陳玉以貞來歲之媺惡鄭云問事之正曰貞謂問於龜大卜職大貞之屬陳玉陳禮神之玉龜有天地四方則玉有六器者與此既言玉帛明亦有六幣以禮神也先鄭云大貞謂卜立君卜大封大卜文不言大遷者引文略也

大祭祀省牲眡滌濯釋曰此云省牲眡滌

祭之日逆齍省鑊告時于王告備于王

濯省鑊與大宗伯文同謂佐大宗伯其大宰省牲者察其不
如法其逆齍即大宗伯涖玉齍者是也大宗伯涖之小宗
伯迎之是相佐也其告注逆齍受饎人之盛以入省鑊視亨
時告備是其專職耳腥熟時薦陳之晚早備謂饌具
釋曰知齍受饎人之盛以入者案少牢饎爨在廟門之外
明天子諸侯饎爨亦在廟門外今言迎齍明於廟門之外
迎入向廟堂東實之於簠簋也云省鑊視其腥熟者案禮
運云腥其俎熟其殽鄭云腥其俎豚解而腥之熟其殽體
解而爓之此謂祭宗廟朝踐饋獻節彼下文更有體其犬
豕牛羊謂室中饋熟亦須鑊鄭不言略也云時薦陳之晚
早者陳謂祭前陳饌於堂東薦謂薦之於神坐皆有晚早
云備謂饌具者此饌具即堂東所陳陳備即告王祭時
已至當行事也凡祭祀賓客以時將瓚果注將送也猶奉也祭祀以時奉
而授王賓客以時奉而授宗伯天子圭瓚諸侯璋瓚釋
曰云祭祀以時奉而授王者案小宰職云凡祭祀贊王幣

爵之事祼將之事注云又從大宰助王也將送也祼送送
祼謂贊王酌鬱鬯以獻尸以人道宗廟有祼此小宗伯又
奉而授王者此據授王彼小宰據授尸謂贊既在王手小
宰乃贊王授尸故二官俱言也云賓客以時奉而授宗伯
者大宗伯云大賓客攝而載祼者是也云天子用圭瓚者
玉人云祼圭尺有二寸者是也云諸侯用璋瓚者此謂未
得圭瓚之賜者故王制云諸侯賜圭瓚然後爲鬯未賜圭
瓚則資鬯於天子是用璋瓚謂未得圭瓚賜者也是以祭
義云君用圭瓚灌大宗用璋瓚亞灌鄭云大宗亞灌容夫
人有故是諸侯亦用圭瓚也若然天子用圭瓚則后亦用
璋瓚也其諸侯未得圭瓚者君與夫人同用璋瓚也**詔相祭祀之小禮凡大**
禮佐大宗伯注小禮羣臣之禮 釋曰云詔相祭祀之小禮者謂王有故不親行事使臣攝祭則
爲小禮故鄭云羣臣之禮云凡大禮佐大宗伯者大宗伯
所云者小宗伯佐之也此經所云既未至職末輒言此者

此已下皆小宗伯專行事不佐大宗伯故於中言之以結上也賜卿大夫士爵則儐釋曰諸侯尊故大宗伯儐卿大夫士卑故小宗伯儐之注賜猶命也儐之如命諸侯之儀春秋文元年天王使毛伯來錫公命傳曰錫者何賜也命者何加我服也釋曰云賜猶命也者但命謂以簡策以辭命之并加以服賜自是以車馬賜之則賜命別矣而言賜猶命者欲見賜命相將之物故覲禮賜侯氏以車馬及命書與蓋服同時也云如命諸侯之儀者儀法雖同禮數則異也引公羊傳者欲見賜命相將之事小祭祀掌事如大宗伯之禮釋曰小祭祀謂王玄冕所祭則小宗伯專掌其事其法如大宗伯也大賓客受其將幣之齎注謂所齎來貢獻之財物釋曰此謂諸侯來朝覲禮畢每國於廟貢國所有行三享之禮諸侯以玉幣致享既訖其庭實之物則小宗伯受之以東故云受其將幣之齎也若大

師則帥有司而立軍社奉主車 釋曰言大師者大起軍師以征伐云
帥有司而立軍社者謂小宗伯帥領有司大祝而立軍社
載於齊車以行云奉主車者謂遷廟主亦載於齊車以行
也注有司大祝也王出軍必先有事於社及遷廟而以其
主行社主曰軍社遷主曰祖春秋傳曰軍行祓社釁
鼓祝奉以從曾子問曰天子巡守以遷廟主行載于齊車
言必有尊也書曰用命賞于祖不用命戮于社社之主蓋
用石爲之奉謂將行 釋曰鄭知有司是大祝者見大祝
職云大師設軍社故也鄭知王出軍必先有事於社及遷
廟而以其主行者見大誓及王制將出軍皆云類於上帝
宜於社又曾子問云以遷廟主行載於齊車故知也云社
主曰軍社者以其載社在於軍中故以軍社言之云遷主
曰祖者此經直云奉主車雖不云祖鄭意欲取尚書賞於
祖爲證故先言遷主曰祖也引春秋者定四年召陵之會
將會衛子行敬子言於靈公曰會同難其使祝佗從祝佗

曰君以軍行祓社釁鼓祝奉以從若君行師從卿行旅從
祝不出境祝佗言此者欲見召陵之會是朝聘吉行大祝
有合行意時靈公押遣行祝佗遂行引者欲見此經有司
立軍社是大祝之事也引曾子問者欲見軍行天子諸侯
皆用遷廟木主行之意也尚書者是甘誓啓與有扈戰於
甘之野誓士衆之辭引之者欲見軍行須軍社遷主也云
社之主蓋用石爲之者案許慎云今山陽俗祠有石主被
雖施於神祠要有石主主類其社其社既以土爲壇石是
土之類故鄭云社主蓋以石之無正文故云蓋以疑之也
云奉謂將行者以曾子問云載於齊車又尚書用命賞於
祖故知奉謂將行也 **若軍將有事則與祭有司將事于四**
望 釋曰其四望者謂五嶽四鎮四瀆 注軍將有事與敵合
戰之時則小宗伯與祭有司大祝之等祭四望之神以
求福但四望之神去戰處遠者不必祭之 注軍將有事
之戰處要有近之者祭之故以四望言之也 注將與敵合

戰也鄭司農云則與祭謂軍祭表禡軍社之屬小宗伯與
其祭事玄謂與祭有司謂大祝之屬蓋司馬之官實典焉
釋曰先鄭以與祭以上絕讀之若然則與祭者與祭何神
乎其有司將事於四望則有司自有事於四望矣不干小
宗伯輒於此言之見何義也於義不然故鄭合爲一事解
之也鄭知有司是大祝者案大祝職云大師國將有事於
四望與此義同故知有司大祝知司馬實典之者以其軍
事是司馬所掌故知司馬實典主其事也無正文故云蓋
以疑之也 **若大甸則帥有司而饁獸于郊遂頒禽** 釋曰
言大甸者天子四時田獵也云則帥有司而饁獸于郊者
謂田在四郊之外田訖以禽獸饋於郊者將入國過四郊
四郊皆有天地日月山川之位便以獸薦於神位以歆神
非正祭直是野饁獸於郊云遂頒禽者因事曰遂以在澤
饁獸訖入至澤宮中而射以主皮行班餘獲射之禮故云遂頒禽 **注** 甸讀曰田有司大司馬之屬饁饋也以禽

饋四方之神於郊郊有羣神之兆頒禽謂以予羣臣詩傳曰禽雖多擇取三十焉其餘以予大夫士以習射於澤宮而分之　釋曰甸者以郊外曰甸獵在甸地故云甸今讀曰田者義將兩兼非直獵在甸地亦得取田義以其似治田去不秀實故以田言之云有司大司馬之屬者以其軍事是司馬之事故大司馬職云徒弊致禽饁獸於郊故知大司馬之屬但小宗伯不可帥大司馬身故知所帥者司馬之屬官故以之屬言之也云四方之神者即天地山川之等云郊有羣神之兆者上文兆五帝於四郊四類四望亦如之兆山川丘陵各於其方是羣神之兆也引詩傳者證頒禽之義書傳亦云焉

大烖及執事禱祠于上下神示

釋曰云大烖者謂國遭水火及年穀不熟則禱祠於上下天地神祇

注 執事大祝及男巫女巫也求福曰禱得求曰祠讄曰禱爾于上下神祇鄭司農云小宗伯與執事共禱祠

釋曰鄭知執事之中大祝及男巫女巫者見大祝職云國

有大故天烖則彌祀社稷司巫云國大烖則帥巫而造巫恒男巫職中雖無事其司巫所帥者即帥男巫也女巫職云凡邦之大烖歌哭而請是以鄭君歷而言焉以充事也云求福曰禱得求曰祠兩言之者欲見初禱後得福則祠之也

王崩大肆以秬鬯渳 注鄭司農云大肆大浴也杜子春讀渳爲泯以秬鬯浴尸玄謂大肆始陳尸伸之 釋曰先鄭與子春所解皆不釋肆字故後鄭就足之特解肆爲始陳尸伸之者肆訓爲陳爲伸故也必用秬鬯者以死者人所惡故以秬鬯浴尸使之香也大祝職云大喪始崩以肆鬯渳尸小祝又云大喪贊渳彼二官已掌之此言之者容其不如儀也

及執事涖大斂小斂帥異族而佐 注執事大祝之屬涖臨也親斂者蓋事官之屬爲之喪大記曰小斂衣十九稱君大夫士一也大斂君百稱大夫五十稱士三十稱異族佐斂疏者可以相助 釋曰鄭知執事是大祝之屬者案大祝職云大喪

贊斂明文祝執事小宗伯涖之云親斂者蓋事官之屬爲
之者以其諸處更不見主斂事者事官又主工巧之事以
無正文故疑事官之屬爲之也引喪大記者以天子之喪
大小斂稱數無文故約諸侯法推出天子斂之稱數也案
喪大記注小斂十九稱法天地之成數故尊卑同至於襲
與大斂乃異大斂五等諸侯同百稱天子蓋百二十稱也
天子大夫士約與諸侯之卿大夫士同以其執贄同故祿
與廟數及襲斂亦無嫌也云異族佐斂疏者可以相助者
此異族據姓而言之

周禮疏卷第二十

周禮疏卷第二十一

唐朝散大夫行大學博士弘文館學士臣賈公彥等撰

縣衰冠之式于路門之外注制色宜齊同釋曰式謂制及色故鄭云制色宜齊同知式中兼有色者案禮記問喪云斬衰貌若枲齊斬之衰其色亦如貌故鄭知式中兼有色也但冠不據色是以喪服傳云冠六升鍛而勿灰明不色如苴也縣衰冠大僕云縣喪首服之法于宮門注云首服謂免髽笄總廣狹長短之數與此不同故彼別縣之也及執事眡葬獻器遂哭之釋曰此文承衰冠之下卜葬之上謂既殯之後事故禮記檀弓云既殯旬而布材與明器云執事眡葬獻器遂哭之謂獻明器之時小宗伯哭注執事蓋梓匠之屬至將葬獻此明器哀其生死異也注明器之材又獻素獻成皆於

殯門外王不親哭有官代之 釋曰鄭知執事是梓匠之
屬者以其明器所爲是工巧之事梓人匠人見主工巧故
知是梓匠也言之屬者冬官摠主人工事故以之屬兼之
但無正文故云蓋以疑之也云至將葬獻明器之材者亦
約檀弓云既殯旬而布材故知將葬獻材也又知獻素獻
成皆於殯門外者見士喪禮云獻材于殯門外西面北上
績主人徧視之如哭椁獻素獻成亦如之注云形法定爲
素飾治畢爲成是其事也云王不親哭有官代之者決士
喪禮主人親哭以無官此王不親哭
以其有官有官即小宗伯哭之是也 **卜葬兆甫竁亦**
如之 釋曰王喪七月而葬將葬先卜墓之塋兆故云卜葬
兆也云甫竁者既得吉而始穿地爲壙故云甫竁也
云亦如之者亦如上明器哭之但明器材哭於殯門外此
卜葬地在壙所則哭亦與在殯所哭之相似故云亦如之
注 兆墓塋域甫始也鄭大夫讀竁皆爲穿杜子春讀竁爲
毳皆謂葬穿壙也今南陽名穿地爲竁聲如腐脃之脃

釋曰孝經云卜其宅兆注兆以爲龜兆解之此兆爲墓塋兆者彼此義得兩合相兼乃具故注各據一邊而言也鄭大夫讀窆毳皆爲穿此經唯有一窆毳而云皆幷下冢人甫窆皆爲穿也杜子春讀窆毳爲毛毳毛毳亦是穿當時有此語後鄭從之故云皆謂葬穿壙也云今南陽名穿地爲窆毳聲如腐脃之脃者時南陽郡人名穿地爲窆毳窆之聲如腐脃之脃則以窆毳爲脃也

既葬詔相喪祭之禮

注喪祭虞祔也檀弓曰葬日虞弗忍一日離也是日也以虞易奠卒哭曰成事是日也以吉祭易喪祭明日祔于祖父

釋曰鄭知喪祭是虞祔也者以文承上葬之下成葬之上其中唯有虞祔而已故以虞祔解之也檀弓曰葬日虞弗忍一日離也者自始死至葬前未忍異於生故無尸而設奠象生時薦羞於坐前也既葬送形而往迎魂而反日中而虞虞者鄭注士虞禮云虞安也所以安神是也葬之朝爲大遣奠反日中而虞是不忍一日使父母精神離散故云不忍一日離也云是日也以虞易奠者

以士虞禮云男男尸女女尸爲神象鬼事之是以虞易奠也云卒哭曰成事是日也以吉祭易喪祭者案士虞禮三虞卒哭他用剛日云哀薦成事故檀弓記人解士虞禮云卒哭曰成事祭以吉爲成故云是日也以吉祭易喪祭祭是也云明日祔於祖父者引之證經喪祭爲虞祭又爲祔祭士之禮葬用柔日假令丁日葬葬日第一虞隔戊日己日爲第二虞後虞改用剛用庚日卒哭亦用剛日隔辛日壬日爲卒哭祭其祔祭又用柔日則癸日爲祔祭是士從始虞至祔日摠用七日以此差之大夫五虞諸侯七虞天子九虞相次日數可知耳此喪中自相對虞爲喪祭卒哭即爲吉祭以其卒去無時哭哀殺故爲吉祭若喪中對二十八月復平常爲吉祭則禫祭已前皆爲喪祭也若然喪中自相對虞爲喪祭卒哭爲吉祭而鄭云喪祭虞祔并祔祭亦爲喪祭者此鄭欲引檀弓并祔祭摠釋故喪中之祭摠爲喪祭而言其實卒哭既爲吉祭祔祭在卒哭後是吉祭可知也

成葬而祭墓爲

位釋曰云成葬者謂造丘墳已訖以王之靈柩託於此土故祭后土之神使安祐之當設祭位於墓左也注

成葬丘已封也天子之冢蓋不一日而畢位壇位也先祖

形體託於此地祀其神以安之冢人職曰大喪既有日請

度甫竁遂爲之尸　釋曰成葬丘已封也者案冢人以爵

等爲丘封之度據彼有丘封之文故依而言之云天子之

冢蓋不一日而畢者案檀弓云有司以几筵舍奠於墓左

反日中而虞注云所使奠墓有司來歸乃虞也則虞祭在

奠墓後以其士之墳蓋高四尺故日中虞祭待奠墓有司

來歸此上文旣云詔相喪祭則虞祭訖矣於下乃云成葬

祭墓爲位則虞祭不待奠墓有司來歸者由天子之冢高

大蓋不一日而畢故設經喪祭在成葬之上也引冢人職

者證祭墓爲位時冢人爲尸以祭后土也　凡王之會同軍旅甸役之禱

祠肄儀爲位注肄習也故書肄爲肆儀爲義杜子春讀肆當爲肄義爲儀謂若今時肄司徒府也

小宗伯主其位　釋曰言王有會同軍旅甸役之事皆有
禱祠之法云肄儀爲位者數者禱祠皆須豫習威儀乃爲
之故云肄儀也當習威儀　國有禍烖則亦如之　注謂
之時則小宗伯爲位也
有所禱祈　釋曰禍烖謂國遭水火　凡天地之大烖
凶荒則有禱祈之事故云亦如之
類社稷宗廟則爲位　釋曰天烖謂日月食星辰奔殞
地災謂震裂則類祭社稷及宗
廟則亦小宗　注禱祈禮輕類者依其正禮而爲之　釋曰
伯爲位祭之　凡言類者皆謂依事類而爲之但求福曰
禱礼輕得求曰祠祠禮重則祠者依正祭
之禮也則禱禮輕者雖依正禮祭饌略少　凡國之大
禮佐大宗伯凡小禮掌事如大宗伯之儀　釋曰凡
言大禮
者王親爲之者小禮者羣臣攝而爲之者小禮小宗伯專
掌其事其法如大宗伯之儀但非王親行則謂之小禮也

肆師之職掌立國祀之禮以佐大宗伯注佐助也 釋曰肆師是宗伯之考每事皆佐宗伯此經與下爲目其立國祀之禮則下經所云立大祀已下是也

立大祀用玉帛牲牷立次祀用牲幣立小祀用牲釋曰此則佐宗伯之事案大宗伯有禋祀已下并宗廟六享之事此肆師陳用玉帛牲牷之等注鄭司農云大祀天地次祀日月星辰小祀司命已下玄謂大祀又有宗廟次祀又有社稷五祀五嶽小祀又有司中風師雨師山川百物 釋曰司農云大祀天地至司命以下先鄭據大宗伯直據天神大次小而言唯天神中兼言地而已其於地示不言次小人鬼之中又不言大次小故後鄭就足之耳後鄭云大祀又有宗廟者以其先鄭於大祀中無人鬼故後鄭特舉之云次祀又有社稷五祀五嶽者此後鄭特舉社稷已下者以先鄭次祀中不言血祭社稷已下故也云小祀又有司中

風師雨師山川百物者此後鄭見先鄭天神小祀中唯云司命以下其言不備故具之山川百物就足先鄭地示小祀耳若然後鄭直云大祀又有宗廟更不言宗廟次小祀者但宗廟次祀即先公是也不言之者已於酒正云次祀鷩冕毳冕所祭已具於彼故也又不言宗廟小祀者宗廟小祀其神不明馬君雖云宗廟小祀殤與無後無明文故後鄭亦不言也經言立大祀用玉帛牲牷者天神中非直有升煙玉帛牲亦有禮神者也地示中非直瘞埋中有玉帛牲亦兼有禮神玉帛牲也宗廟中無煙瘞埋直有禮神幣帛與牲又不見有禮神之玉或可以灌圭爲禮神之玉亦通一塗立次祀用牲幣者天神日月星辰地示血祭社稷五祀五岳是也宗廟次祀已下與大祀同亦直有禮神幣帛而已

以歲時序其祭祀及其祈珥

釋曰言歲時序其祭祀者即上立大祀已下至小祀皆依歲之四時次序其大小先後也及其刉珥謂釁禮之事用毛牲即曰刉用羽牲即曰衈

注

序第次其先後大小故書祈爲幾杜子春讀幾當爲祈珥爲餌玄謂祈當爲進禨之禨珥當爲衈禨衈者釁禮之事雜記曰成廟則釁之雍人舉羊升屋自中中屋南面刲羊血流于前乃降門夾室皆用雞其衈皆於屋下割雞門當門夾室中室然則是禨謂羊血也小子職曰掌珥于社稷祈于五祀是也亦謂其宮兆始成時也春秋僖十九年夏邾人執鄫子用之傳曰用之者何蓋叩其鼻以衈社也　釋曰云序第次其先後者不必先大後小天地人之鬼神各有大次小或小而應先或大而應後各自當其時以祭之故云第次其先後也云故書祈爲幾杜子春讀幾當爲祈珥爲餌者皆無義所取故鄭不從之也玄謂祈當爲進禨之禨者案禮記玉藻沐畢云進禨鄭以爲沐而飲酒曰禨彼禨爲禨福之義此直取音讀不取其義云珥當爲衈者經言珥是玉珥非取血之義故讀從雜記下血傍爲之也云雜記曰成廟則釁之雍人舉羊升屋自中者謂升上其屋當屋脊之中央云門夾室皆用雞者謂廟門及兩廂夾室三

處皆用雞其衈皆於屋下者謂三處皆不升屋而在屋下殺雞也云割雞門當門夾室中室者中謂當室中央云然則是禨謂羊血也者鄭旣引雜記之衈欲破經珥及子春餌之意也云小子職曰掌珥于社稷祈于五祀是也者引證血傍爲之以證衈義也其祈字猶不從故彼注引秋官士師曰凡刉衈則奉犬牲毛牲曰刉羽牲曰衈此刉衈正字與若然刉旣正字而讀從進禨者且從故書幾音耳至士師別爲正解也云春秋傳曰者公羊傳文引之者謂證衈是取血以釁之事

大祭祀展犧牲繫于牢頒于職人

釋曰肆師以將有天地宗廟大祭祀牧人以牲與充人之時肆師省閱其牲看完否及色堪爲祭牲及繫於牢須付于職人也

注 展省閱也職讀爲樴樴可以繫牲者此樴人謂充人及監門人

釋曰鄭讀職爲樴者但三百六十官皆有職司若言職則無所指斥若爲樴爲聲謂置臬之時樴樴然作聲故讀從樴可以繫牲者也云此樴人謂充人及監門

又若案充人云祀五帝繫于牢芻之三月凡散祭祀之牲繫于國門使養之故知職人是此二官也言此職人對彼職人不要是充人監門人也牛人所云職人者彼鄭注充人并牧人在其中矣此有監門人者謂兼祭諸神司中之等

凡祭祀之卜日宿爲期詔相其禮眡滌濯亦如之

注宿先卜祭之日　釋曰言凡祭祀之卜日謂天地宗廟之等將祭前有散齊七日致齊三日十日矣若然卜日吉則齊今云祭祀之卜日宿爲期則是卜前之夕與卜者及諸執事者以明旦爲期也云詔相其禮者謂肆師詔告相助其卜之威儀及齊戒之禮云眡滌濯亦如之者謂祭前之夕視滌濯祭器亦詔相其禮故云亦如之

祭之日表齍盛告絜展器陳告備及果築鬻相治小禮誅其慢怠者

釋曰云祭之日表齍盛告絜者當祭之日豈其黍稷等盛

於簠簋陳於廟堂東又以徽識表之名及告絜淨云展器陳告備者謂祭日旦於堂東陳祭器實之既訖則又展省視之而告備具故云展器陳告備也云及果築鬯者謂於宗廟有祼案禮記雜記築鬱臼以椈杵以梧而築鬱金煑以和秬鬯之酒以泲之而祼矣云相治小禮者謂羣臣行事則肆師相治之云誅其慢怠者謂執事之人有惰慢懈怠者則誅責之 注粢六穀也在器曰盛陳陳列也果築鬻者所築鬻以祼也故書表爲剽剽表皆謂徽識也鄭司農云築煑築香草煑以爲鬯 釋曰爾雅云粢稷也彼特訓粢爲稷者以稷爲五穀之長其摠而言之六穀皆是粢故此經摠六穀爲粢故鄭云粢六穀也案食醫和王六食黍稷稻粱麥苽六食即膳夫云六穀一物故鄭云六穀也鄭司農云築煑築香草煑以爲鬯者此言築鬻鬱人云祼事和鬱鬯謂取鬱金煑和秬鬯之酒泲以祼神及賓客故二鄭俱言之云皆謂徽識也者以剽表字雖不同俱是徽識也於六粢之上皆爲徽識小旌書其黍稷之名以表之

餘饌不表獨此表之者以其餘器所盛名異覩器則知其實此六穀者簠盛稻粱簋盛黍稷皆有會蓋覆之覩器不知其實故特須表顯之也徂鬱人自掌鬱此又掌之者彼官正職此肆師察其不如儀者也

掌兆中廟中之禁令 釋曰案小宗伯云兆五帝於四郊已下則四郊之上神兆多矣皆掌不得使人干犯神位七廟亦然故云掌其禁令也 注兆壇塋域 釋曰凡爲壇者四面皆塋域圍之若宮牆然故云兆壇塋域也

凡祭祀禮成則告事畢大賓客涖筵几築鬯 釋曰案大行人云上公再祼而酢侯伯一祼而酢子男一祼不酢大宗伯云大賓客攝而載祼則此官主以築鬱金煑之和鬯酒也筵几云臨謂司几筵設之肆師臨之也 注此王所以禮賓客 釋曰言此以對彼彼則上經築鬯禮宗廟神也

贊果將 注酌鬱鬯授大宗伯載祼 釋曰此據大宗伯職而言案小宰亦云賓客贊祼

者容有故相代也大朝覲佐儐注爲承儐釋曰此言大朝覲爲承儐謂大會同朝覲時若四時常朝則小行人爲承儐小行人所云者是也共設匪罋之禮釋曰此肆師不掌飲食而共設者肆師主禮事謂依禮使掌客之等及諸官告設之也注設於賓客之館公食大夫禮曰若不親食使大夫以侑幣致之豆實實于罋簋實實于筐匪其筐字之誤與禮不親饗則以酬幣致之或者匪以致饗釋曰鄭知設於賓客之館者凡待賓客之禮饗食在廟其器不用匪罋今言共設匪罋明是王不親饗食於賓館設之可知引公食禮者欲見此經與彼同同是不親食之事又欲破篚從筐之事也云字之誤與者無正文約同彼故云與以疑之也云禮不親饗則以酬幣致之者此亦公食大夫禮文云或者匪以致饗者鄭君向引公食大夫須破匪從筐又言饗禮者饗禮云無妨致饗時用匪不用筐但無正文故云或以疑之也饗食授祭注授賓祭

肺　釋曰饗者亨大牢以歆賓獻依命數食者亦亨大牢
以食賓皐依命數云授祭者祭謂祭先造食者案膳夫云
授王祭則此授祭者非授王可知故鄭云授賓祭肺也必
知祭肺者有虞氏祭首夏后氏祭心殷祭肝周祭肺肺周
所祭故知祭　**與祝侯禳于畺及郊**　釋曰侯者候迎善祥
者祭肺也　禳者禳去殃氣故肆
師與小祝爲此侯禳二事于畺及郊凡侯禳從内向外應
先言郊後言畺今先言畺到言之者可遠則遠可近則近
任當時之宜故　**注**侯禳小祀職也畺五百里遠郊百里近
到文以見義也　郊五十里　釋曰知畺五百里者王畿
千里中置國城面五百里故大司馬云方千里曰國畿也
知遠郊百里者司馬法文知近郊五十里者案尚書君陳
序云分正東郊成周鄭彼注云成周在近郊五十里案今
河南洛陽相去則然以其漢法於王城置河南縣於成周
置洛陽縣相去見五十里是
近郊五十里故云東郊也　**大喪大渳以鬯則築鬻**

法築香草煑以爲鬯以浴尸香草鬱也 釋曰上小宗伯
大喪以鬯渳則肆師與之築鬱金香草和鬯酒以浴尸使
之香 令外内命婦序哭 釋曰案下注六鄉以出及朝
也 廷卿大夫妻皆爲外命婦其
内命婦即下經内命女是也 注序使相次秩
謂三夫人已下至女御也 以服之輕重爲先後若然
則内命婦爲王斬衰居前諸 釋曰哭法
臣之妻從服齊衰者居後也 禁外内命男女之衰
不中灋者且授之杖 釋曰外内命男女爲王雖有
齊斬不同其衰皆有升數多
少及裁制故禁之使依法也云且授之杖者外内命男及
内命女皆爲王斬者有杖授之其外命女爲王齊衰無杖
故云且見不 注外命男六鄉以出也内命男朝廷卿大夫
定之義也 士也其妻爲外命女喪服爲夫之君齊衰
不杖内命女王之三夫人以下不中法違升數與裁制者
鄭司農云三日授子杖五日授大夫杖七日授士杖此舊

説也喪大記曰君之喪三日子夫人杖五日既殯授大夫世婦杖無七日授士杖文玄謂授杖日數王喪依諸侯與七日授士杖四制云　釋曰云内外男女者無正文鄭以意言之以王宫爲正朝廷在王宫内爲内命男故以六鄉六遂及公邑大夫等皆爲外命男其妻揔爲外命女者此對三夫人已下既爲内命女則此朝廷及六鄉以外鄉大夫妻爲外命女可知云喪服爲夫之君齊衰不杖者是喪服不杖齊衰章文云内命女王之三夫人以下者通九嬪二十七世婦八十一御妻皆爲王斬衰而杖也云不中法違升數與裁制者諸臣妻爲夫之君義服衰六升諸臣爲王義服斬衰衰三升半冠六升三夫人已下爲王正服斬衰衰三升是其數也言裁制者據喪服云凡衰外削幅裳内削幅幅三袧已下是有裁制司農所云三日授子杖五日授大夫杖七日授士杖雖云舊説仍是四制之文也玄謂王喪依諸侯者王喪諸臣等無授杖之日數以諸侯之臣與王之臣同斬衰杖竹故授杖日數亦宜同也以檀弓

云天子崩三日祝先服鄭注云祝佐含斂先病明子與夫人亦服矣則天子之子及后亦服矣五日官長服注官長大夫士明天子三公已下及三夫人已下亦服矣但服杖俱時有服即杖矣唯天子服授杖亦當七日矣是以王喪約同諸侯之法也

凡師甸用牲于社宗則爲位

釋曰師謂出師征伐甸謂四時田獵二者在外或有祈請皆當用牲社及宗時皆肆師爲位祭也

注社軍社也宗遷主也尚書傳曰王升舟入水鼓鐘亞觀臺亞將舟亞宗廟亞故書位爲涖杜子春云涖當爲位書亦或爲位宗謂宗廟

釋曰云社軍社也者在軍不用命戮於社又君以軍行祓社釁鼓故名軍社也鄭知宗遷主者曾子問云師行必以遷廟主行載于齊車故知遷主也尚書傳曰王升舟巳下者謂說武王於文王受命十一年觀兵之時武王於孟津渡河升舟入水在前鼓鐘亞王舟後觀臺亞者觀臺可以望氣祥亞鼓鐘後將舟亞者以社主主殺戮而軍將同故名社主

爲將將舟在亞觀臺後宗廟亞者宗廟則遷主也亞在將舟後引之者證在軍有社及宗之意也異義公羊說天子有三臺有靈臺所以觀天文有時臺以觀四時施化有囿臺所以觀鳥獸魚龞諸侯卑無靈臺不得觀天文有時臺囿臺左氏說天子有靈臺諸侯有觀臺若然文王時已有靈臺今武王而曰觀臺者鄭君之意觀臺則靈臺對文有異散文則通

類造上帝封于大神祭兵于山川亦如之

釋曰上經用牲於社宗據在軍下云師不功據敗退後即此經據克勝後事告天及社之事

注造猶即也爲兆以類禮即祭上帝也類禮依郊祀而爲之者封謂壇也大神社及方嶽也山川蓋軍之所依止大傳曰牧之野武王之大事也既事而退柴於上帝祈于社設奠於牧室

釋曰諸文皆云造于禰類于上帝造屬於禰此以類造同云于上帝則造與類同屬于上帝故鄭云造猶即與造門之造同也云爲兆以類禮即祭上帝者若依國四郊則自

有尋常兆域今戰訖而祭故須新爲壇兆故鄭云爲兆也
郊知類禮依郊祀而爲之者此直是告祭非常非是禱祈
之祈祭故知依正禮郊祀而爲之謂四時迎氣於四郊皆
是也云大神社及方岳也者以其命所報告皆是出時告
者以出時類于上帝宜于社造於禰今大神文在上帝下
而云封祭之明是社也知兼有方岳者見小宗伯云軍將
有事于四望謂將戰時今戰訖所告明兼祭方岳方岳即
四望也云山川蓋軍之所依止者以其山川衆多不可並
祭軍旅思險阻軍止必依山川故知祭軍所依止者也云
天傳者禮記大傳篇云牧之野武王之大事也者牧誓序
云時甲子昧爽武王與受戰於牧野鄭注云紂近郊三十
里名牧是武王伐紂之事故云大事云既事而退者武王
與紂於牧地戰紂敗退入紂都自焚於宣室武王入紂都
既封建乃退向牧地而柴於上帝者以實柴祭帝即此經
類于上帝一也云祈于社者即此經封于大神一也云設
奠於牧室者謂祭行主文王於牧野之室於此文無所當

連引之者欲見此經亦當有凡師不功則助牽主
祭行主不言者文不備也
車 釋曰師不功謂戰敗云助牽主車者主中有二爲社之石主遷廟木主也 注 助助大司馬也故書功爲工鄭
司農工讀爲功古者工與功同字謂師無功肆師助牽之
恐爲敵所得 釋曰知助助大司馬也者案大司馬職云
若師不功則厭而奉主車故知此肆師助大司馬也若然
案小宗伯云立軍社奉主車謂未敗時若敗即大司馬奉
之 凡四時之大甸獵祭表貉則爲位 釋曰案大司馬仲冬
教大閱教戰訖入防將田既陳乃設驅逆之車 注 貉師祭
有司馬表貉于陳前此時肆師爲位而祭也 也貉讀
爲十百之百於所立表之處爲師祭造軍法者禱氣勢之
增倍也其神蓋蚩蚘或曰黃帝 釋曰知貉師祭也者爾
雅云是類是禡故知貉爲師祭也云貉讀爲十百之百者
鄭以聲讀之必名此祭爲貉者以其取應十得百爲十倍

之義云祭造軍法者凡言祭者祭先明是先世創首造軍法者也云禱氣勢之增倍也者謂禱祈使師有氣勢望得所獲增益十倍還釋貉字之意也云其神蓋蚩尤或曰黃帝者案史記黃帝與蚩尤戰于涿鹿之野俱是造兵之首案王制云天子將出類乎上帝注云帝謂五德之帝是黃德帝以配類則貉祭祭蚩尤是以公羊說曰師出曰祠兵入曰振旅祠者祠五兵矛戟劍楯弓鼓及祠蚩尤之造兵者謹案三朝記曰蚩尤庶人之強者何兵之能造鄭云或曰黃帝也故禮說云黃帝以德行蚩尤與黃帝戟亦是造兵之首故漢高亦祭黃帝蚩尤於沛庭也

嘗之日涖卜來歲之芟 釋曰秋祭曰嘗以其物新熟可嘗而爲祭名也正當嘗祭日肆師涖卜來歲之芟者以其餘事卜則大宗伯涖卜或大卜涖一此及下三事皆肆師涖卜也則陳龜貞龜命龜示高作龜使卜師卜人之等爲之 注 芟芟草除田也古之始耕者除田種穀嘗者嘗新穀此芟之功也卜者問後

歲之芟不詩云載芟載柞其耕澤澤　釋曰芟芟草對柞是殺木引詩者欲見載芟即此經芟也云載柞者柞是除木於經雖無所當欲見有草則芟之有木則柞之皆是治田以稼種故并言之也云其耕澤澤者既除草木則耕之澤澤和柔也

獮之日涖卜來歲之戒釋曰謂肆師正當出獮田之日則卜來歲之戒不虞之事**注**秋田爲獮始習兵戒不虞也卜者問後歲兵寇之備　釋曰秋田曰獮大司馬職文云始習兵戒不虞者鄭解不於春芟夏苗涖卜來歲之戒必於秋獮之日爲戒者以其春欲振旅夏教茇舍非正習兵秋教治兵之日故於是戒不虞世言不虞者虞度也以兵寇之事來否不可億度當豫戒備之故鄭云卜者問後歲兵寇之備也

社之日涖卜來歲之稼釋曰類上文嘗獮是秋則此社亦是秋祭社之日也言涖卜來歲之稼者祭社有二時謂春祈秋報報者報其成熟之功今一者來歲亦如今年宜稼以不但春稼秋穡

不言穡而言稼者秋穡由注社祭土爲取財焉卜者問後
於春稼故據稼而言之歲稼所宜釋曰案郊特牲
云社祭土而主陰氣也取財於地取法於天又孝
經緯云社者五土之揔神故云社祭土而取財焉若國
有大故則令國人祭注大故謂水旱凶荒所令祭者
社及禜酺釋曰知大故是水
旱凶荒者以其命國人祭明大故是天下皆有故知水旱
凶荒凶荒謂年穀不熟知所命祭是社及禜酺者經云命
國人祭案地官州祭社黨祭禜族祭酺於六遂之中
亦縣祭社鄙祭禜酇祭酺皆是國人所祭之事也歲
時之祭祀亦如之釋曰云歲時之祭祀者上經據禱
祈非時祭故此經見其常祭也云
亦如之者亦注月令仲春命民社此其一隅釋曰九言
命國人祭也歲時者謂歲之四時月令唯見一時故鄭
云此其一隅也若然月令唯言春者特舉春祈
而言舉一隅可以三隅反則餘三時亦祭也凡卿大

天之喪相其禮注相其適子　釋曰鄭知相適子者庶子無事適子則有拜賓送賓之事且卿大夫適子爲天子斬衰故知所相者適子也　凡國之大事治其禮儀以佐宗伯注治謂如今每事者更奏白王禮也故書儀爲義鄭司農義讀爲儀古者書儀但爲義今時所謂義爲誼　釋曰案小宗伯已云佐宗伯此又言之者但肆師與小宗伯中下大夫命數是一故二人同佐宗伯無嫌也案大宗伯云治其大禮小宗伯云相治小禮此又云治其禮儀者謂佐大小宗伯治之謹習其事也　凡國之小事治其禮儀而掌其事如宗伯之禮　釋曰此二經於職末摠結之也

鬱人掌祼器注祼器謂彝及舟與瓚　釋曰知祼器中有彝及舟者此經下文云和鬱鬯以

實彝又見司尊彝云春祠夏禴祼用雞彝鳥彝皆有舟秋
冬及追享朝享皆云焉故知有彝舟也知有瓚者案禮記
王制云諸侯賜圭瓚然後爲鬯尚書序云平王錫晉文侯
秬鬯圭瓚皆與秬鬯相將即下文祼玉是也故知祼器中
有瓚瓚則兼
圭瓚璋瓚也 凡祭祀賓客之祼事和鬱鬯以實彝
而陳之 釋曰天地大神至尊不祼至於山川及門社等
事在鬯人亦無祼事此云祭祀唯據宗廟耳其
賓客祼則大行人云公再祼之等是也云和鬱鬯者謂和
鬯人所造秬黍之鬯酒也爲宗廟賓客用鬱者則肆師築
鬱金草煑之以和鬯酒更和以盎齊泲之以 注築鬱金煑
實彝陳於廟中饗賓客及祭宗廟之處也 之以和鬯
酒鄭司農云鬱草名十葉爲貫百二十貫爲築以煑之鐎
中停於祭前鬱爲草若蘭 釋曰鄭知築鬱金草煑之者
見肆師云築鬻故知之也司農云十葉爲貫百二十貫爲
築者未知出何文云以煑之鐎中停於祭前者此似直煑

鬱停之無鬯酒者文略其實和鬯酒也云鬱爲草若蘭者蘭則蘭芝以其俱是香草故比類言之案王度記云天子以鬯諸侯以薰大夫以蘭芝士以蕭庶人以艾此等皆以和酒諸侯以薰謂未得圭瓚之賜得賜則以鬱耳王度記云天子以鬯及禮緯云鬯草生庭皆是鬱金之草以其和鬯酒因號爲鬯草也

凡祼玉濯之陳之以贊祼事 釋曰此祼玉即圭瓚是也故玉人典瑞皆云祼圭尺有二寸禮記郊特牲云灌以圭璋用玉氣也 **注** 祼玉謂圭瓚璋瓚 釋曰案禮記祭統云君用圭瓚祼尸大宗用璋瓚亞祼鄭云大宗亞祼容夫人有故攝焉若然王用圭瓚后用璋瓚可知故鄭并言之也

詔祼將之儀與其節 釋曰云祼將之儀者即是奉玉送祼之威儀云節者即早晚時節故兩言之 **注** 節謂王奉玉送祼早晏之時 釋曰云奉玉謂王與后祼時奉瓚而酌鬱鬯云送祼者謂送之以授尸尸得祭之嚌之奠之不飲故

上文司農云停於祭前也　凡祼事沃盥　釋曰凡言非一若賓客則大宗伯祼若祭祀王及后祼皆鬱人沃以水盥手及洗瓚也　大喪之湔共其肆器　注肆器陳尸之器喪大記曰君設大盤造冰焉大夫設夷盤造冰焉士併瓦盤無冰設牀襢笫有枕此之謂肆器天子亦用夷盤　釋曰肆訓為陳故鄭云謂陳尸之器也云喪大記云君設大盤造冰焉大夫設夷盤造冰焉者此謂二月巳後至八月鄭注喪大記造猶内也引漢禮大盤廣八尺長丈二深三尺赤中夷盤小焉云士併瓦盤無冰者則盛水以寒尸士喪禮君賜冰用夷盤云設牀襢笫有枕者此謂陳尸之牀設冰於其下云天子亦用夷盤者淩人職云大喪共夷盤冰此夷盤則諸侯大盤之類與大夫夷盤同名耳大小則異也　及葬共其祼器遂貍之　注遺奠之彝與瓚也貍之於祖廟階間明奠終於此　釋曰知葬共祼器據遺奠時者以葬時不見有設奠之

事祖祭已前奠小不合有彝器奠之大者唯有遣奠故知
於始祖廟中厥明將葬之時設大遣奠有此祼器也此即
司尊彝云大喪存奠彝者是也以奠無尸直陳之於奠處
耳言貍之於祖廟階間者此案曾子問無遷主者以幣帛
皮圭以爲主命行反遂貍之於祖廟兩階之間此大遣奠
在始祖廟事訖明亦貍之於階間也云明奠終於此者自
此已前不忍異於生設奠食象生而無尸自此已後葬訖
反日中而虞則有尸故士虞禮云男男尸女女尸以神事
之謂之祭異於生故 大祭祀與量人受舉斝之卒
云明奠終於此也
爵而飲之 釋曰此大祭祀云受嘏謂祭宗廟者也云與
量人受舉嘏之卒爵而飲之者謂王酳尸後
尸嘏王 斝受福之嘏聲之誤也王酳尸尸嘏王此其卒
之節也 注 爵也少牢饋食禮主人受嘏詩懷之卒爵執爵
以興出宰夫以籩受嗇黍主人嘗之乃還獻祝此鬱人受
王之卒爵亦王出房時也必與量人者鬱人贊祼尸量人

制從獻之脯燔事相成　釋曰鄭知斝是受福之嘏非天子奠斝斝爵名者案郊特牲云舉斝角詔妥尸其時無鬱人量人受爵飲之法唯有受嘏時受王卒爵飲之禮故破斝爲受福之嘏也云王酳尸尸嘏王此其卒爵也者此約少牢特牲禮故鄭即引少牢以爲證也云少牢饋食禮主人受嘏詩懷之卒爵者天子諸侯祭有二灌朝踐饋獻大名二獻之事乃有陰厭迎尸入戶尸食訖王酳尸大夫士無饋獻已前之事直有陰厭已後酳尸之事天子諸侯祭禮亡故陰厭已後取少牢特牲續之令獻鬱人量人之節當大夫獻祝及佐食之時云主人受嘏詩懷之者謂陰厭後迎尸入升筵坐尸食訖主人酳尸尸酢主人在戶東西面受尸酢時尸命祝嘏主人以大福遂以黍稷肺授主人詩承也主人承之內於懷中挂於季指乃拜而飲卒爵也云執爵以興出宰夫以籩受嗇黍者嗇黍即所斂聚黍稷肺授之者也云主人嘗之乃還獻祝此鬱人受王之卒爵亦王出房時也者大夫士有獻祝及佐食無獻鬱人量人法

天子有獻鬱人量人之禮無獻祝及佐食之事但其節同故引爲證也云必與量人者鬱人贊祼尸者即上文贊祼事詔祼將之儀是也云量人制從獻之脯燔者案量人云凡祭祀饗賓制其從獻脯燔之數量是也云事相成者前祼後獻祭事乃成故云事相成也

鬯人掌共秬鬯而飾之 注秬鬯不和鬱者飾之謂設巾 釋曰云掌共秬鬯者此直共秬黍之酒無鬱也故注云不和鬱者也鄭知飾之謂設巾者此上下雖無設巾之事案冪人云以疏布巾冪八尊以畫布巾冪六彝凡王巾皆黼凡尊皆有巾冪明秬鬯之酒尊亦設巾可知故知所飾者設巾也

凡祭祀社壝用大罍 注壝謂委土爲墠壇所以祭也大罍瓦罍 釋曰壝謂委土爲墠壇所以祭者謂四邊委土爲壝於中除地爲墠墠内作壇謂若三壇同墠之類也此經云社壝謂若封人及大司徒皆云社

壇皆直見外壝而言也知大罍是瓦罍者旊人
爲瓦簋據外神明此罍亦用瓦取質略之意也 禜門用
瓢齎 注禜謂營酇所祭門國門也春秋傳曰日月星辰
之神則雪霜風雨之不時於是乎禜之山川之神
則水旱厲疫之不時於是乎禜之魯莊二十五年秋大水
鼓用牲于社于門故書瓢作剽鄭司農讀剽爲瓢杜子春讀齎
爲粢瓢謂瓠蠡也粢盛也玄謂齎讀爲齊取甘瓠割去柢
以齊爲尊 釋曰鄭知禜謂營酇者欲見祭神非一取營
酇而祭之義故也鄭知門是國門者禮記祭法云天子祭
七祀有國門故知也春秋傳者昭元年子產辭彼先云山
川後云日月此先云日月者鄭君所讀春秋先日月與賈
服傳不同故也彼無不時此有之者鄭以義增之非傳文
引之者證禜是營酇而祭之義引莊二十五年傳者證有
門之義但彼譏伐鼓用牲其大水祭門是也玄謂齎讀爲
齊者以其剸齊爲尊亦取
質略之意故不從子春也 廟用脩凡山川四方用

蜃凡祼事用概凡疈事用散注祼當爲埋字之誤也故書蜃或爲
謨杜子春云謨當爲蜃書亦或爲蜃蜃水中蜃也鄭司農
云脩謨概散皆器名玄謂廟用脩者謂始禘時自饋食始
脩蜃概散皆漆尊也脩讀曰卣卣中尊謂獻象之屬尊者
彝爲上罍爲下蜃畫爲蜃形蚌曰合漿尊之象概尊以朱
帶者無飾曰散　釋曰鄭破祼爲埋者若祼則用鬱當用
彝尊不合在此而用概尊故破從埋也埋謂祭山林則山
川用蜃者大山川司農云脩謨概散皆器名者先鄭從古
云謨後鄭亦不從之矣玄謂廟用脩者謂始禘時者謂練
祭後遷廟時以其宗廟之祭從自始死已來無祭今爲遷
廟以新死者木主入廟特爲此祭故云始禘時也以三年
喪畢明年春禘爲終禘故云始也云自饋食始者天子諸
侯之祭自灌始有朝踐饋獻乃有饋食進黍稷大夫士禮
無饋獻已前事直有饋食始即特牲少牢皆云饋食之禮
是也今以喪中爲吉祭不可與吉時同故略同大夫士禮

且案大宗伯宗廟六享皆以祼爲始當在鬱人用彝今不
用鬱在鬯人用卣尊故知略用饋食始也若然鄭知義遷
廟在練時者案文二年穀梁傳云作主壞廟有時日於練
焉壞廟壞廟之道易檐可也改塗可也爾時木主新入廟
禘祭之是以左氏說凡君薨祔而作主特祀主於寢畢三
時之祭朞年然後烝嘗禘於廟許慎云左氏說與禮同鄭
無駮明用此禮同義與穀梁傳合賈服以爲三年終禘遭
烝嘗則行祭禮與前解違非鄭義也鄭知脩蜃概散皆漆
尊也者以彝散凡物無飾曰散直有漆明概蜃之等漆外
別有飾故知皆尊也鄭以脩從卣者詩與尚書及爾雅皆
爲卣脩字於尊義無所取故從卣也云卣中尊謂獻象之
屬者案下司尊彝職云春祠夏礿祼用雞彝鳥彝朝踐用
兩獻尊饋獻用兩象尊皆有罍諸臣之所酢是尊者彝爲
上罍爲下獻象之屬在其中故云中尊獻象之屬更云彝
爲上罍爲下者欲推出卣爲中尊之意也云之屬者秋冬
及追享朝享皆彝爲上罍爲下著尊壺尊之等在其中也

云蜃畫爲蜃形者亦謂漆畫之云蚌曰合漿尊之象者蚌蛤一名含漿含漿則是容酒之類故畫爲蜃而尊名也云概尊以朱帶者玄纁相對既是黒漆爲尊以朱帶落腹故名概概者横概之義故知落腹也云無飾曰散者以對概蜃獻象之等有異物之飾此無故曰散云疈**大喪之大**事者即大宗伯云疈辜祭四方百物者也

瀰設斗共其釁鬯注斗所以沃尸也釁尸以鬯酒使之香美者鄭司農云釁讀爲徽　釋曰鄭云釁尸以鬯酒使之香美者案肆師云大喪築鬻則此鬯酒中兼有鬱金香草故得香美也司農云釁讀爲徽者以鬯釁尸故以徽爲莊飾義也

凡王之齊事共其秬鬯注給淬浴　釋曰鄭知王齊以鬯爲洗浴以其鬯酒非如三酒可飲之物大喪以鬯浴尸明此亦給王洗浴使之香美也

凡王弔臨共介鬯　釋曰介副也王弔臨諸臣則有副使從行者天子所往停在諸侯之廟祝致辭告廟

介使則進此鬯於注以尊適卑曰臨春秋傳曰照臨弊邑
神前故云介鬯　鄭司農云鬯香草王行弔喪被之故
曰介玄謂曲禮曰摯天子鬯王至尊介爲執致之以禮於
鬼神與檀弓曰臨諸侯畛於鬼神曰有天王某父此王適
四方舍諸侯祖廟祝告其神之辭介於是進鬯　釋曰云
以尊適卑曰臨者欲解臨非如雜記云上客臨彼謂哭臨
也此王弔諸侯諸臣故以以尊適卑解之引春秋者昭三
年齊晏嬰辭引之者證以尊適卑稱臨之義司農云鬯香
草者見王度記云天子以鬯諸侯以薰禮緯亦云鬯草生
庭故知鬯香草也此直是秬鬯無香草故後鄭不從也云
王行弔喪被之故曰介者先鄭之意以介爲被似若春秋
被練之義故云被之後鄭亦不從玄謂曲禮曰者下曲禮
文云摯天子鬯者彼摯下與天子鬯諸侯圭卿羔已下爲
目此天子以鬯爲摯若卿羔之類但天子至尊不自執使
介爲摯致之以禮於鬼神與者無正文蓋置於神前故云
與以疑之云檀弓曰者此亦下曲禮文言檀弓者誤案彼

注云眕致也謂使祝告至于鬼神王至尊臣不名君故云某父且字也

雞人掌共雞牲辨其物 注物謂毛色也辨之者陽祀用騂陰祀用黝 釋曰陽祀用騂陰祀用黝者牧人文彼注云陽祀祭天於南郊及宗廟陰祀祭地於北郊及社稷也鄭舉此二者其望祀各以其方色牲及四時迎氣皆隨其方色亦辨其毛物可知也 大祭祀夜嘑旦以嘂百官 注夜夜漏未盡雞鳴時也呼旦以警起百官使夙興 釋曰漏未盡者謂漏未盡三刻已前仍爲夜則呼旦也漏刻之義具挈壺氏 凡國之大賓客會同軍旅喪紀亦如之凡國事爲期則告之時 注象雞知時也告其有司主事者少牢曰宗人朝服北面曰請祭期主人曰比於子宗人曰旦明行事告時者至此旦明而告之 釋曰引少牢曰者謂祭前

之夕宗人主禮官請主人祭期主人曰比於子若謂次比其日數時節由子子則宗人也宗人即告期曰上明行事其實祭期由宗人宗人請主人者勸主人若不敢自由然故讓之也案庭燎詩注王有雞人之官凡國事爲期則告之以時王不正其官而問夜早晚非也案齊詩東方未明序云東方未明刺無節也朝庭興居無節號令不時挈壺氏不能掌其職焉注云挈壺氏掌漏刻者彼不云雞人者案挈壺氏云凡軍事懸壺無告期之事則天子備官挈壺直掌漏刻之節雞人告期彼齊詩是諸侯兼官故挈壺氏兼告期也

凡祭祀面禳釁共其雞牲 釋曰云凡祭祀面禳者祭祀謂宗廟之屬面禳謂祈禱之屬

注釁釁廟之屬釁廟以羊門夾室皆用雞鄭司農云面禳四面禳也釁讀爲徽 釋曰鄭云釁釁廟之屬者言之屬則釁鼓釁甲兵皆在其中釁廟以羊已下雜記文司農云面禳四面禳則候禳禳謂禳去惡祥也

云釁讀爲徽者亦謂以徽爲飾治之義也

周禮疏卷第二十